„Warum in die Ferne schweifen? Sieh, das Gute liegt so nah."

Die Freiheitsstatue in New York, das Kolosseum in Rom, das Great Barrier Reef vor Australien oder die Trauminsel Bora Bora im Südpazifik. Wer hat nicht schon davon gehört oder einen dieser wundervollen Orte sogar selbst besucht? Aber warst du auch schon im Heilstollen in Aalen tief unter der Erde, auf dem Gufi-See in Gundelfingen Wasserski fahren oder hast die Highline 179 in Reutte überquert? Nein? Das solltest du schleunigst ändern!

Die Welt ist voller Abenteuer, Entdeckungen und traumhafter Plätze, die es zu erkunden gilt. Was wäre das Leben ohne Reisen? Ohne das Prickeln der Vorfreude auf einen neuen, noch unbekannten Ort?

Oft verbinden wir dieses Reisen mit einem anderen Land, gar einem Flug. Wir kennen die klassischen Reiseziele aus dem Fernseher und aus den Medien und möchten unbedingt auch genau dort hin. Wir kennen uns aus in Südostasien oder in den Vereinigten Staaten von Amerika, wir wälzen Reiseführer über das Land, denn da wollen wir ja schließlich hin. Das ist was „Besonderes". Und ohne Zweifel gibt es in der Ferne mehr als genug zu erleben und zu sehen.

Doch vor lauter Streben nach der nächsten großen Reise übersehen wir etwas. Etwas im wahrsten Sinne des Wortes sehr Naheliegendes: unsere Heimat. Unsere wunderschöne Heimat mit all den Orten, Landschaften und Ecken, die sich locker mit New York und Rom messen können.

Deshalb habe ich meinen Rucksack gepackt, bin durch unser herrliches Sendegebiet gereist und habe 77 Entdeckertipps für dich gesammelt. Eine Reise durch unser malerisches Radio 7 Land mit einer Vielzahl an Tipps, die dich Bora Bora erst einmal vergessen lassen. Du bist übrigens auch viel schneller am Ziel. Und du bekommst das ultimative Urlaubsfeeling auch nur für einen Tag oder ein Wochenende, falls du nicht andauernd zwei Wochen Zeit zur Verfügung hast. Schnell mal raus aus dem Alltag und rein ins Abenteuer direkt vor deiner Haustür, genau dabei sollen dir diese Seiten helfen.

So, und jetzt wünsche ich dir viel Spaß beim Entdecken der eigenen Heimat. Es lohnt sich, versprochen!

Hast du an alles gedacht?
Dann kann es ja losgehen!

Ein Ausflug kann kräftezehrend sein. Damit du bestens vorbereitet bist und böse Überraschungen ausbleiben, findest du hier ein paar nützliche Wegbegleiter und wahre Lebensretter.

Tagesrucksack bis maximal 30 Liter
Um deine Ausrüstung zu verstauen, solltest du einen soliden Tagesrucksack mitnehmen. Achte hierbei auf einen hohen Tragekomfort, sodass deine Schultern nicht leiden.

Kopfbedeckung
Für den Fall, dass dir die Sonne doch mal mit aller Kraft auf die Mütze brennt.

Radio 7 Entdeckertipps
Dein Lieblingsbuch mit Frank Januschkes Entdeckertipps darf natürlich nicht fehlen!

Stift
Falls du dir was notieren möchtest.

Medikamententasche
Lieber haben und nicht brauchen als umgekehrt. Packe Kopfschmerztabletten, Allergiemittel etc. ein.

Taschentücher
Dürfen nicht fehlen, nicht nur bei einer laufenden Nase.

Sonnenbrille
Sieht nicht nur cool aus, sondern schützt deine Augen vor UV-Strahlen und Irritationen.

Pflaster
Sie eignen sich hervorragend zum Versorgen kleinerer Blessuren und vor allem gegen lästige Blasen.

Powerbank
Damit deinem Handy nicht der Saft ausgeht.

Kamera
Konserviert und archiviert deine Lieblingsmotive, sodass du noch lange in Erinnerungen schwelgen kannst.

Sonnencreme
Um einen Sonnenbrand zu vermeiden, empfiehlt sich eine gute Sonnencreme.

Handy
Alternative zur Kamera oder um im Notfall Rettung zu rufen.

Bargeld
Vielleicht möchtest du dir mal irgendwo ein Eis gönnen oder einen Parkschein ziehen. Da bietet sich eine kleine Menge Bargeld an.

Wasserflasche
Damit du nicht dehydrierst, nimm unbedingt eine Flasche Wasser mit - und trinke vor allem auch davon!

Snack
Auf leeren Magen wirst du nicht die Welt erkunden können. Nimm einen kleinen Snack zur Stärkung mit.

Obst und Gemüse
Versorge dich mit wichtigen Vitaminen und Ballaststoffen.

Regenjacke
Für den Fall, dass dich eine Regenwolke doch mal überrascht - lass dir nicht in die Parade Regnen.

Extra Socken und T-Shirt
Socken können nass werden oder du kommst ins Schwitzen. Da freust du dich über Ersatzklamotten.

Kompass
Für den wahren Entdecker oder falls du dich mal verlaufen solltest - er leitet dich wieder auf den richtigen Weg.

Taschenmesser
Ist immer nützlich und gehört in jeden Rucksack.

5

⊙ SENDEGEBIET AALEN

SENDEGEBIET ULM

SENDEGEBIET TUTTLINGEN

⊙ SENDEGEBIET RAVENSBURG

Unser Radio 7 Land

Freue dich auf die 77 ausgewählten Reiseziele innerhalb der vier Radio 7 Sendegebiete.

○ **AALEN**

○ **ULM**

○ **TUTTLINGEN**

○ **RAVENSBURG**

Heilbronn

Pforzheim

Stuttgart

Tübingen

Balingen

Sigmaringen

TUTTLINGEN

Villingen-Schwenningen

Freiburg

KONSTANZ

Waldshut-Tiengen

Bodensee

40

39

41

42

43

44

36

57

56

55

45

76

3

75

47

46

54

48

50

7

53

49

51

52

70

69

7

Schwäbisch-Hall

AALEN

Nördlingen

Schwäbisch Gmünd

Heidenheim

Donauwörth

ULM

Günzburg

Augsburg

Ehingen

Krumbach

Biberach

Landsberg

Memmingen

RAVENSBURG

Kempten

Bregenz

AALEN

**Erlebe neue Abenteuer
im Sendegebiet Aalen**

In diesem Sendegebiet befindet sich
unser Außenstudio Aalen – hier
kannst du uns auf der Frequenz
103,7 hören. Hier im Sendegebiet
Aalen habe ich einige Entdeckertipps für dich ausfindig gemacht.
In dieser Region findest du naturbelassene Wälder und Wiesen, die
du an verschiedenen Stationen
auskundschaften kannst. Es gibt
Mitmachmuseen, in denen du die
spannende Welt der Naturwissen-
schaft erleben kannst. Oder wie
wäre es mit einem Besuch im
Bergwerk, das tief unter der Erde
liegt? Hier erwarten dich ganz
besondere Abenteuer und berau-
schende Bilder, die du so schnell
nicht vergessen wirst. Du kannst
auch mal so richtig auf den Putz
hauen – an Action mangelt es hier
nämlich keinesfalls! Lass dich von
dieser zauberhaften Natur und
ihren vielen kleinen Details über-
raschen und genieße die einzelnen
Orte. Auf den folgenden Seiten
habe ich die besten Tipps für dich
und deine Familie gesammelt.
Und wer weiß, vielleicht liegt dein
nächster Ausflugsort schon direkt
vor der Haustür.

Schwäbisch-Hall

19

FREILICHTSPIELE SCHWÄBISCH HALL

MÄRCHENWALD &
WALDERLEBNISPFAD „TÄNNLI"

18

EINS+ALLES
ERFAHRUNGSWELT DER SINNE

17

NATURATUM ERLEBNISWALDPFAD

14

LIMES **15**

KLOSTER LORCH **16**

Schwäbisch
Gmünd

1 HAMMERSCHMIEDE

2 TANNENBURG

3 PFAUENGARTEN

4 NATURSCHUTZGEBIET SCHLOSSWEIHER

5 SCHLOSS BALDERN

AALEN

Nördlingen

7 6 TIEFER STOLLEN

13 BAYERISCHES
EISENBAHNMUSEUM

8 9 EXPLORHINO

10 START QUELLENTOUR

GROSSE SCHEUER UND ROSENSTEIN

11 BRENZURSPRUNG

7 STAUFERBURG KATZENSTEIN

12 FELSENMEER
WENTAL

Heidenheim

Donauwörth

1. Genieße eine Wanderung durch ein verwunschenes Naturschutzgebiet

Beide Bilder © Gemeindeverwaltung Satteldorf

Wanderlust? Dann empfiehlt sich dir der herrliche Pfad der **Hammerschmiede im Gronachtal.** Diese wurde 1980 vom schwäbischen Heimatbund erworben, aufgearbeitet und als technisches Kulturdenkmal der Öffentlichkeit zugänglich gemacht.

Die Traumwanderung beginnst du am Wanderparkplatz oberhalb der Hammerschmiede. Nach ein paar wenigen Schritten tauchst du ein, in das verwunschene Naturschutzgebiet Gronachtal. Die abenteuerlichen Pfade leiten dich direkt an der Gronach entlang bis zur Mündung in die Jagst. Auf dem Weg überquerst du Bachbette, gehst über urige Brücken oder kletterst über beträchtliche Steine. Und immer wieder entdeckst du winzige oder auch mächtige Details, die diese Exkursion so einzigartig machen.

Wenn dich der Hunger überkommt, kannst du während deines Marschs an einem Grillplatz Rast machen oder im Anschluss an die Wanderung gemütlich in der Gaststätte der Hammerschmiede speisen.

📖 Hammerschmiede 1, 74589 Satteldorf
✐ Natur pur

Wusstest du schon?

Das vierstöckige Renaissanceschloss Gröningen wird heute noch zum Teil bewohnt. Wie cool wäre es, in einem Schloss zu wohnen?

2. Spüre den Geist der Vergangenheit

Hoch oben auf einem Ellwanger Berg ragt aus der puren Natur die **Tannenburg in Bühlertann** heraus. Die Burg stammt aus dem 12. Jahrhundert und zählt zu den besterhaltenen Burgen in ganz Baden-Württemberg.

Die hügelige und beforstete Gegend rund um das antike Gebäude lädt dich dazu ein, zu Fuß den paradiesischen Pfad entlangzugehen, oder mit dem Rad hinaufzustrampeln.

Lass dich in eine abenteuerliche und historische Zeit zurückversetzen und lerne die Geschichte der Burg und ihrer Bewohner besser kennen. Du hast hier sogar die Möglichkeit zu übernachten, denn die Burg bietet verschiedene Zimmer zum Bleiben an.

Von der Burg aus genießt du einen majestätischen Blick über das Tal und die märchenhafte Natur. Nahe der Festung kannst du an Seen oder Bädern entspannen und Sonne tanken.

Tannenburg 1, 74424 Bühlertann

Natur pur

Was ich dir noch empfehlen kann

Etwa 20 Minuten entfernt liegt der Orrotsee, ein herrlicher Ort zum Abkühlen und Urlaub machen.

3. Frag den Pfau nach Ra(d)t

Der **Pfauengarten in Stödlen-Gaxhardt** ist ein kleiner Tierpark, in welchem du über 100 Vogelarten, Ziergeflügel und Wildarten beobachten kannst. Auf einer Gesamtfläche von über drei Hektar begegnest du herumalbernden Affen, neugierigen Nandus, abhängenden Alpakas, gelassenen Kängurus und sogar seltenen, vom Aussterben bedrohte Vogelarten. Zwischen all den exotischen Arten findest du aber auch heimische Tierchen, wie Rehe, Wildschweine, Enten oder Gänse wieder.

Doch der idyllische Park beherbergt nicht nur eine Artenvielfalt an Tieren, sondern bietet für die ganze Familie eine Menge Spaß. Während du es dir auf einer der vielen Bänke gemütlich machst, können die Kinder ein paar Runden im amüsanten Karussell drehen oder auf dem Kinderspielplatz toben.

Im Streichelzoo kannst du den Tieren grenzenlos nah kommen. Und wenn dir nach Relaxen zumute ist, kannst du es dir einfach am Weiher, dem Herzstück des Parks, bequem machen.

Berlisstraße 42, 73495 Stödlen-Gaxhardt

Geld für Eintritt nicht vergessen

Natur pur

Wenn dich der Hunger überkommt, gönn dir eine Auszeit im blühenden Garten des Restaurants Pfauengarten oder genieße ein erfrischendes Kaltgetränk im Biergarten.

Mein Tipp

Beide Bilder © Gaststätte Pfauengarten

4. Lass dich von einem Audioguide durch malerische Natur leiten

Wenn du ein totaler Naturliebhaber bist, dann bist du hier genau richtig. Das **Naturschutzgebiet Schlossweiher in Ellwangen** zeugt von einer großartigen Landschaft.

2006 wurde das über 60 Hektar große Gebiet unter Naturschutz gestellt und seitdem findest du hier eine hohe Artenvielfalt vor. Über 200 verschiedene Pflanzenarten und eine Vielzahl an Vogel- und Libellenarten haben hier ihren Lebensraum. Auch seltene, schutzbedürftige Arten kannst du hier erleben.

Das Gebiet umfasst malerische Klosterweiher, gigantische Streuobstwiesen und sogar einen kleinen offengelassenen Steinbruch.

Diese charakteristische Kulturlandschaft lädt zu einer Wanderung durch das unter Schutz gestellte Gebiet ein.

© Stadt Ellwangen/Roland Hülle

Das Regierungspräsidium und die Stadt Ellwangen bieten seit Anfang vergangenen Jahres zwei interaktive Touren für die Smartphone-App „Unterwegs im Naturschutzgebiet" an. Wenn du Informationen möchtest, bietet sich die erste Audiotour an, bei der dir an 18 Stationen die Geschichte rund um das Naturschutzgebiet erläutert wird. An der interaktiven Tour findet die ganze Familie ihren Spaß. Hier begibst du dich auf die Suche nach einer Schatzkiste. So erlebst du diese naturbelassene Umgebung auf eine andere Art.

🏛 Schloss 12, 73479 Ellwangen (Jagst)

🐾 Natur pur

Was ich dir noch empfehlen kann

Unweit vom Schlossweiher befindet sich das Schloss ob Ellwangen.

5. Bereise fünf Jahrhunderte Geschichte in einem Schloss

Das **Schloss Baldern in Bopfingen** ist ein edles Gebäude, das im Barockstil erbaut wurde. Wenn du Lust hast, begebe dich auf eine Reise in die Vergangenheit und fühle dich einmal so, als lebtest du in der damaligen Zeit.

Neben einem großen Festsaal, in dem häufig bunte Events und Veranstaltungen stattfinden, gibt es die größte private Waffensammlung Europas, mit antiken Ausstellungsstücken aus fünf Jahrhunderten, zu bestaunen.

Schlossparkstraße 12, 73441 Bopfingen
Geld für Eintritt nicht vergessen

Natürlich kannst du dich von einem Experten durch die Säle des Schlosses führen lassen. Es werden zahlreiche verschiedene Führungen angeboten. Egal ob die Nachtführung bei Kerzenschein, die Kinder- und Familienführung mit D'Artagnan der Fledermaus, eine Führung durch die dunklen Geheimgänge und Korridore oder eine amüsante Führung mit der Haushälterin Sonja und dem Hausmeister Karlheinz – du findest hier garantiert die passende Besichtigung für dich. Und wenn du mit dem Rundgang fertig bist, gönn dir noch einen cremigen Cappuccino im Schlosscafé und genieße die angenehme Aussicht.

Was ich dir noch empfehlen kann

Du kannst hier in Bopfingen noch mehr tierischen Spaß haben. Zwischen den Ortsteilen Oberdorf und Kerkingen hast du die Gelegenheit auf 24 Hektar zahlreichen Auerochsen zu begegnen. Es gibt auch einen großartigen Rad- und Wanderweg.

© Oettingen-Wallerstein

6. 100 Meter unter der Erde tief durchatmen

Im 1841 angelegten Stollen in **Aalen-Wasseralfingen** kannst du einmal ganz tief durchatmen, denn die Luft hier ist hochgradig allergenfrei. Begib dich auf die Reise tief unter die Erde und lass dich im **Besucherbergwerk „Tiefer Stollen"** durch die dokumentierte Geschichte des Erzabbaus und der Ver-hüttung tragen.

Die spritzige Fahrt mit der Grubenbahn, vorbei an kleinen Tropfsteinen, bis du in den 2.500 m² großen, spannenden Steinhallen angekommen bist, ist nur eines der Highlights. Weiter kannst du dich durch das Stollenlabyrinth kämpfen und nicht zuletzt eine Ausstellung mit Werkzeugen der Bergleute bestaunen. Zudem werden die Arbeitsschritte in der Gießerei vorgestellt.

Es gibt verschiedene Möglichkeiten, dich durch das Bergwerk führen zu lassen: Zum einen gibt es den Stollenrundgang, der circa eineinhalb Stunden dauert. Zum anderen hast du die Möglichkeit dich einer circa 3-stündigen Erlebnis-Sonderführung oder einer barrierefreien Gruppenführung durch das Bergwerk anzuschließen. Vergiss die passende Kleidung nicht, hier unten hat es kühle 11 °C.

© Stadt Aalen, Besucherbergwerk Tiefer Stollen

📖 Erzhäusle 1, 73433 Aalen-Wasseralfingen

💰 Geld für Eintritt nicht vergessen

🌿 Natur pur

Mein Tipp

Wenn du noch ein besonderes Abenteuer suchst, rate ich dir zu der Besichtigung außerhalb des allgemeinen Besuchsbereichs in kleinen Gruppen.

7. Lass dich zurück ins Mittelalter führen

Auf der **Stauferburg Katzenstein in Dischingen** hast du die Möglichkeit, einmal komplett in die Mittelalterzeit einzutauchen.

In dem zugehörigen Museum auf der Burg genießt du einen tollen Ausblick und kannst dich auf eine kleine Entdeckertour durch das 12. Jahrhundert begeben. Unter anderem findest du hier auch den Schatz, der am 11. Februar 2015, eingemauert in einen Fenstersims, durch Zufall gefunden wurde. Nach dem Gang durch das Museum kannst du dann selbst Hand anlegen.

Beim Wappenmalen kannst du dir entweder in der Brunnenstube oder im Garten ein persönliches Wappen gestalten, während die Kleinen sich beim Armbrustschießen für Kinder zwischen vier und zehn Jahren austoben dürfen.

Nachdem du selbst tätig warst, kannst du dich im Biergarten „Zum Zehntal" zurücklehnen und den gigantischen Blick auf die Burg wirken lassen.

🏰 Burg: Oberer Weiler 1–3
   89561 Dischingen-Katzenstein

💰 Geld für Eintritt nicht vergessen

Eine Bahntrasse als Rad- und Wanderweg und Dampflokomotiven als Denkmal bzw. Kletterwand? All das findest du ganz in der Nähe der Burg, in der Härtsfeld Museumsbahn.

Was ich dir noch empfehlen kann

© Pixabay, Siegella

8. Radle von Quelle zu Quelle

Auf dieser Tour fährst du, am besten mit dem Fahrrad, die vier naturbelassenen Quellen der Kocher, der Rems und der Brenz ab. Der Start der **Quellentour im Ostalbkreis** liegt in Essingen.

© Franz Schweiger

Erstes Ziel ist der weiße Kocherursprung, welcher ein landschaftlich reizvolles Gebiet vorzuweisen hat. Hier triffst du auf seltene Tier- und Pflanzenarten und kannst naturhafte Gesteinsformationen erforschen. Rechts neben dem Tal bietet sich ein außergewöhnlicher Ausblick auf den Kanzelfels.

Weiter geht die Fahrt dann zum schwarzen Kocherursprung. Der Name stammt wohl von dem still davon rinnenden Quellfluss, weshalb du als Betrachter den Eindruck gewinnst als wäre das Wasser schwarz. Dazu gibt es aber verschiedene Theorien. Sicher ist jedenfalls, dass der schwarze Kocher durch Oberkochen fließt und sich schließlich in Unterkochen mit dem weißen Kocher verbindet.

Als Nächstes trittst du in Richtung Königsbronn in die Pedale, zur Brenzquelle, welche auf Seite 24 ausführlich beschrieben wird.

Zuletzt besuchst du dann noch die Quelle der Rems. Hier angekommen, erwartet dich ein spektakuläres Naturdenkmal. Die Rems entspringt in einer Höhe von 551 Metern und ist umgeben von einer waldreichen Landschaft.

📖 Ausgangspunkt: Essingen, Schönbrunnenhalle

🚲 Natur pur

Mein Tipp

Wenn du mit dem Fahrrad unterwegs bist, denke an deine Sicherheit und setze einen Helm auf.

9. Mit Spaß und Freude experimentieren

Beide Bilder © explorhino gGmbH

Gerade hinter unseren Alltagsgegenständen stecken oft faszinierende wissenschaftliche Phänomene. Im **explorhino Aalen** verbindet sich die Faszination von Naturwissenschaften mit der Möglichkeit, selbstständig und spielerisch die Welt zu erkunden. In diesem Experimente-Museum steht das Erforschen, Erleben, Verstehen und Erfahren der verschiedenen Mysterien unseres Alltags im Vordergrund. An über 120 Stationen wird man selbst zum Forscher. Mitmachen und Anfassen ist hier sogar erwünscht! Große und kleine Forscher können hier zwanglos und selbstbestimmt experimentieren – da wird selbst der größte Physikmuffel auf einmal zum begeisterten Wissenschaftler.

„Die Physik erklärt die Geheimnisse der Natur nicht, sie führt sie auf tieferliegende Geheimnisse zurück."

Carl Friedrich von Weizsäcker.

Noch eine Idee

Wenn du einmal auf den Spuren des Limes wandern möchtest, besuch das Limesmuseum in Aalen.

Wenn du über die Ausstellung hinaus allerhand Wissenswertes erfahren möchtest, bietet das explorhino einmal im Monat Führungen an, in denen dich erfahrene Mitarbeiterinnen und Mitarbeiter informativ und unterhaltsam durch die Exponate begleiten und die Welt erklären. Lass dich davon inspirieren, was die Welt im Innersten zusammenhält! Egal ob Physik, Chemie oder Biologie – hier kommen Groß und Klein auf ihre Kosten.

📖 Beethovenstraße 12, 73430 Aalen

🛢 Geld für Eintritt nicht vergessen

10. Tauche in die Höhlenwelt ein

Der **Rosenstein** ist ein über 700 Meter hoher Berg in Heubach, auf dem du eine Vielzahl von Höhlen besteigen kannst. So auch die Höhle **Große Scheuer,** die größte und bekannteste des Rosensteins. Mit ihrer Länge von 44 Metern und einer Höhe bis zu sieben Metern stellt sie die anderen Höhlen erst mal in den Schatten.

Eine Taschenlampe musst du hier nicht mitbringen, denn mit ihren drei Öffnungen ist die gesamte Höhle gut ausgeleuchtet. Was du aber einpacken solltest, ist gutes Schuhwerk, denn der Weg ist steil, felsig und teilweise mit Laub bedeckt.

Der Abstecher zur Großen Scheuer lohnt sich aber allemal, um einen exakten Einblick in die Höhlenwelt zu erlangen. Vor allem solltest du dir den beeindruckenden Blick auf Lautern und Heubach von dort oben nicht entgehen lassen. Wenn du den Wanderweg von Lautern zum Rosenstein gehst, wirst du direkt durch die Höhle geleitet.

📖 Rosenstein, 73540 Heubach

🖎 Natur pur

Mein Tipp

Wenn du den Rosenstein ganz nach oben wanderst, erwartet dich nicht nur ein atemberaubender Ausblick, sondern du stehst auch mitten in der Burgruine Rosenstein.

© Schwäbische Alb Tourismus, Fotograf: Ralph Lueger, Titel: Große Scheuer am Rosenstein

11. Eine Reise zurück zum Ursprung wagen

Beide Bilder © Jochen Rösner

Eine der schönsten und größten Quellen der Schwäbischen Alb findest du am **Brenzursprung in Königsbronn.** Vier Meter tief und mit klarem, blaugrünem Wasser begeistert die Karstquelle ihre Besucher. Doch der paradiesische Ort bietet nicht nur eine herrliche Quelle, die entdeckt werden will, vielmehr begibst du dich hier auf eine Reise zum Ursprung der ältesten Eisenindustrie Deutschlands. Mit einem Rundgang durch den historischen Teil Königsbronns, lernst du an insgesamt 19 Stationen die zugehörige Geschichte kennen.

Den zweiten Schwerpunkt des Themenpfades bildet ein ehemaliges charmantes Kloster, das du in nur wenigen Schritten vom Brenztopf aus erreichst. Darüber hinaus findest du hier die historische Burgruine Herwartstein, den idyllischen Itzelberger See sowie eine Gedenkstätte, die dem Hitler-Attentäter Georg Elser gewidmet ist. Rundum erwarten dich hier geschichtliche Epochen gemischt mit malerischen und naturbelassenen Pfaden.

📖 An der Hirschsteige 2, 89551 Königsbronn

🌿 Natur pur

Noch eine Idee

Du bevorzugst eine größere Wanderung? Dann kann ich dir die fünf Kilometer lange Brenzquellrunde am Albschäferweg bis zum Itzelberger See wärmstens empfehlen.

12. Auf einen Dolomiten klettern

Zwischen Essingen und Steinheim am Albuch findet sich das sogenannte Wental wieder. Super – und was gibt es da Faszinierendes, fragst du dich?

Aufgepasst! Hier entdeckst du eine einzigartige Naturlandschaft mit seltsam geformten Dolomitfelsen. Das **Felsenmeer Wental** ist das Ergebnis der Kraft des Wassers, denn vor etwa 150 Millionen Jahren blieb es als Folge des völlig versickerten Wassers der Wedel übrig. Heute kannst du dieses großartige Naturspektakel betrachten. Es ist so faszinierend, dass es dir im Gedächtnis bleiben wird.

Das Wental wird als eines der schönsten Trockentäler der Schwäbischen Alb bezeichnet. Inmitten einer idyllischen Landschaft und entlang eines traumhaften Wanderweges findest du die urigen und fantastischen Felsenformationen.

Natürlich kannst du dieses Naturschutzgebiet und viele Highlights am Wegesrand auf einer Rundwanderung erkunden. Auch die seltenen Tier- und Pflanzenarten laden immer wieder zu purer Begeisterung ein.

📖 Wental 1, 73566 Bartholomä

✍ Natur pur

Was ich dir noch empfehlen kann

Nachdem du das naturbelassene Felsenmeer hautnah erleben konntest, lohnt sich ein Abstecher ins bemerkenswerte Meteorkrater-Museum in Sontheim.

Beide Bilder © Pixabay, maxmann

13. Im Sonderzug durch die Idylle reisen

Weißt du noch? Damals als Kind, wie faszinierend Dampflokomotiven waren? Heute kannst du den Traum vieler Kinder leben und die Geschichte der Eisenbahn hautnah erfahren. Im **Bayerischen Eisenbahnmuseum in Nördlingen** wirst du in den Bann dieser Fahrzeuge gezogen.

© Pixabay, hpgruesen

Mit über 200 Originalfahrzeugen und einem Areal in der Größe von etwa acht Fußballfeldern, ist es das größte Eisenbahnmuseum Süddeutschlands.
Die Ausstellungsstücke sind von eisenbahnhistorischem Wert, weshalb sie zum Teil noch im Ursprungszustand sind. Sukzessive werden sie als Ausstellungsobjekt aufgearbeitet.

Du findest hier neben einem 15-ständigen Lokschuppen und dem ehemaligen Verwaltungsgebäude, die ehemalige Triebwerkshalle und einen funktionierenden Wasserturm auch Lockbehandlungsanlagen, Abstellgleise, Drehscheiben und vieles mehr.

Höhepunkt dieses Museums ist der eigene Sonderzug, den du für dich und deine Gruppe buchen kannst. Dieser fährt dich, soweit das Gleis reicht. Du kannst auch eine Dampflokomotive vorfahren lassen. Damit beeindruckst du deine Verwandten, Bekannten, Kollegen oder Freunde – garantiert.

📖 Eisenbahnmuseum:
    Am Hohen Weg 6a, 86720 Nördlingen
💰 Geld für Eintritt ins Museum nicht vergessen

Nachdem du das Museum erkundet hast, kannst du die Nördlinger Stadtmauer besuchen. Das ist die einzige Stadtmauer Deutschlands, die einen vollständig erhaltenen Wehrgang besitzt.

Noch eine Idee

14. Die Verbindung zwischen Mensch und Wald hautnah erleben

Der **Naturatum ErlebnisWaldpfad** in **Schwäbisch Gmünd** markiert einen 2,5 Kilometer langen Rundweg im jahrhundertalten Erholungswald im Taubental. Hier triffst du auf 31 erlebnisorientierte Stationen zum Entdecken, Lernen und Spielen.

Die Carina-Vogt-Schanze ist der Start einer 350 Meter langen Kugelbahn, die sich entlang des Waldentdeckerstegs schlängelt. Das ist aber längst noch nicht alles, was der Erlebnispfad zu bieten hat. Auf dem 38 Meter hohen Aussichtsturm, dem „Himmelsstürmer", kannst du deinen Blick über die atemberaubende Kulisse des Albtraufs schweifen lassen.

Für eine kleine Abkühlung sorgt der große Wasserspielplatz, in dem du nicht nur planschen, sondern auf dem du sogar floßfahren kannst. Eine Spielgolfanlage garantiert echten Spielspaß und wenn du dich hoch hinaus traust, kannst du dich im Hochseilgarten „Skypark Kletterwald" über Parcours an die Baumwipfel herantasten. Mit großer Wahrscheinlichkeit eignest du dir hier die ein oder andere wissenswerte und interessante Verbindung zwischen dem Wald und uns Menschen an.

🕮 Naturatum ErlebnisWaldpfad –
　　Schwäbisch Gmünd
　　Taubentalstraße, 73527 Schwäbisch Gmünd
💲 Geld für Eintritt nicht vergessen
🌿 Natur pur

Nur ein paar Schritte entfernt befindet sich der Skypark epia Kletterwald.

Was ich dir noch empfehlen kann

15. Begib dich auf die Spuren der Römer

Ein großes Stück der ehemaligen römischen Grenzmauer Limes durchquert den Ostalbkreis. Der **Limes** ist UNESCO-Welterbe. Auf dem Limes-Rundwanderweg in Rainau kannst du dich auf die Suche nach Spuren der römischen Zeit begeben.

Auf einer Länge von sechs Kilometern zieht sich der Limes durch die Gemeinde mit den Ortsteilen Buch, Schwabsberg und Dalkingen. In diesem Bereich entdeckst du einige der schönsten Teilstücke und Einzeldenkmäler, die diese Epoche aufzuweisen hat. Jedes einzelne geschichtliche Objekt ist durch Informationstafeln und Modelle spezifisch erklärt. Rainau-Buch ist bekannt als Naherholungsgebiet inmitten einer römischen Kulturlandschaft.

Du hast hier die Gelegenheit, vom Alltagsstress Abstand zu nehmen, tief durchzuatmen und die Ruhe zu genießen, während du nebenbei einige historische Geschichten über die Zeit der Römer verinnerlichst.

Nach deiner Wanderung kannst du dich am Bucher Stausee entspannen oder weitere attraktive Freizeitangebote nutzen.

📖 Parkplatz am Limesturm
   oder Parkplatz Bucher Stausee

🖉 Natur pur

Auf diesem Weg wirst du vielen historischen Ereignissen begegnen, aber ein ganz besonderer ist der Limes-Wachturm. Von dort aus hast du einen atemberaubenden Ausblick.

Mein Tipp

© Kastell Buch @Verein Deutsche Limes-Straße

16. Das Leben der Staufer ergründen

Schon von Weitem kannst du es sehen, das ehemalige **Benediktinerkloster in Lorch** zwischen Aalen und Stuttgart. Hoch thronend befindet sich, signifikant für das Kloster, die weitläufige Ringmauer.

Das Gebäude wurde im Stil der romantischen Pfeilerbasilika errichtet, was heute charakteristisch die Silhouette der Gesamtanlage ausmacht.

Von den aus dem 16. Jahrhundert stammenden Reliquien und Kunstwerken sowie der umfangreichen Bibliothek, ist wenig erhalten. Umso spektakulärer sind die erhaltenen Grabmäler der Äbte und der Familien von Schechingen und Woellwahrt.

Das Kloster Lorch zählt zu einem der am besten erhaltenen Staufergedenkstätten, was es für dich und deine Familie zu einem reizvollen Ausflugsziel macht.

Bei einer Führung kannst du die Kirche, die Klausur, das Wirtschaftsgebäude und den Marsiliusturm begehen. Von der Anlage aus genießt du einen hervorragenden Ausblick über das beschauliche Lorch und das Umland.

Das Kloster bietet dir viele interessante und außergewöhnliche Aktivitäten, weshalb ein Besuch ein absolutes Muss ist.

📖 Klosterstraße 2, 73547 Lorch

💰 Geld für Eintritt nicht vergessen

Noch eine Idee

Ein paar Schritte vom Kloster entfernt befindet sich die Stauferfalknerei - diese bietet regelmäßig Flugshows und Kurse an.

© Pixabay, maxmann

17. Nimm deine Umwelt mit all deinen Sinnen wahr

In dem anthroposophisch orientierten Freizeit- und Erlebnispark **EINS+ALLES Erfahrungsfeld der Sinne in Welzheim** steht die Entfaltung der Sinne im Mittelpunkt. Mit diesem Inklusionsprojekt kannst du das Thema Sinneslehre hautnah erfahren, gemeinsam mit Menschen mit Handicap, die dort leben und arbeiten.

Dabei ist das Erfahrungsfeld der Sinne Impulsgeber und Entschleuniger zugleich. Locke dich selbst aus der Reserve und erlebe Spontanität. Eine Vielzahl an Indoor- und Outdooraktivitäten sorgt für ein weites Spektrum an Aktionen und Erlebnissen. Du kannst das Erfahrungsfeld der Sinne auf eigene Faust erkunden, aber darüber hinaus bietet es auch jede Menge Entwicklungsmöglichkeiten im Team, Corporate Volunteering-Projekte oder Feriencamps für Kinder und Jugendliche.

Die Themenwelten „Tieroase", „Ätherische Öle", „Märchen" oder „Im Dunkeln" liefern Eindrücke und Hintergründe zur Entwicklung des Menschen und wie Sinneserfahrungen auf den Menschen wirken. Lerne mit deinem ganzen Sein deine Werte kennen und schätzen. Lass dich darauf ein und genieße die Reise.

📖 Laufenmühle 8, 73642 Welzheim

🗄 Geld für Eintritt nicht vergessen

✍ Natur pur

Als Kaffee-Fan empfehle ich einen Abstecher in die Rösterei Laufenmühle.

Mein Tipp

Beide Bilder: © Lena Bosch

18. Lass dich in die phantasievolle Welt der Märchen entführen

„Es war einmal, vor langer, langer Zeit..." – so beginnt nahezu jedes Märchen. Im **Märchenwald und Walderlebnispfad „Tännli" in Gschwend** kannst du dich auf die Spuren dieser Erzählungen begeben.

Der Park liegt inmitten einer wunderschönen Waldlandschaft und bietet für Jung und Alt einzigartige Erlebnisse in schöner Natur. Du wirst eingeladen, die Räume der Wälder an zehn verschiedenen Stationen spielerisch zu entdecken.

Eine alte Baumscheibe unternimmt mit dir beispielsweise einen Ausflug in die Vergangenheit. Du wirst überrascht sein, was dieses Baumhoroskop dir alles verraten kann. Eine weitere hochinteressante Station ist der Kreuzstein. Dieser hat eine besondere Bedeutung, welche erfährst du allerdings nur vor Ort. Oder du hältst einfach einen Moment inne, und spürst die Atmosphäre des Waldes. Das Herzstück des Erlebnispfades ist der Märchenwald, in dem du verschiedene Stationen rund um Märchen wie „Hänsel und Gretel" oder „Dornröschen" entdecken kannst. Aber nicht nur das erlebst du hier, sondern noch viele weitere abenteuerliche Stationen zum Klettern, Lauschen, Spielen oder Staunen.

🏛 Mühläckerle, 74417 Gschwend

🖉 Natur pur

© Gemeindeverwaltung Gschwend

Während die Kinder sich auf einem der Naturspielplätze austoben, kannst du dich beim entspannten Waldspaziergang über das Thema Ökosystem Wald mit all seinen Facetten schlaumachen.

Noch eine Idee

19. Einmal im Scheinwerferlicht stehen

Das **Neue Globe** wurde als außergewöhnliches Freilicht-Rundtheater in Schwäbisch Hall bereits 1999 errichtet und fand schnell seinen Weg in die Herzen vieler Zuschauer. Angelehnt an die Architektur des bekannten Globe Theater in London, wurde es im Jahr 2001 von der Architektenkammer mit dem Preis „Beispielhaftes Bauen in Baden-Württemberg" ausgezeichnet. Das Provisorium aus Holz wurde 2019 nochmals durch einen stilgleichen aber moderneren Neubau abgelöst. Mit rund 370 Plätzen bietet es dir genug Platz, um dem künstlerischen Treiben auf der Bühne zu folgen. Im Sommer kannst du dich nicht nur vom Ensemble im Freilichttheater mitreißen lassen, seit 93 Jahren wird auf der großen Treppe vor der Kirche St. Michaels professionelles Theater gespielt – im Rahmen der **Freilichtspiele Schwäbisch Hall.**

Auf 54 Stufen, in einer Höhe von acht Metern und auf einer Breite von 48 Metern wird dir eine große Auswahl von Klassikern wie Don Camilo und Peppone, Jedermann usw. bis hin zu modernen Interpretationen wie Streisand, Dietrich, Piaf oder Two Girls and a Boy geboten. Besonders imposant wirken die Vorstellungen am Abend, wenn die Scheinwerfer das Gebäude gekonnt in Szene setzen.

Bei einer Führung durch das Neue Globe kannst du exklusiv hinter die Kulissen blicken, interessante Fakten sammeln oder dich einfach von der Welt des Theaters mitreißen lassen.

© Freilichtspiele Schwäbisch Hall
Hans Kumpf

Noch eine Idee

Besuch doch mal das Schwalbennest, das sich hinter dem Neubausaal versteckt. Von dort aus hast du einen herrlichen Ausblick.

📖 Große Treppe vor St. Michael:
Marktplatz, 74523 Schwäbisch Hall

📖 Neues Globe:
Unterwöhrd 1, 74523 Schwäbisch Hall

⊜ Geld für Eintritt nicht vergessen

 ULM

Erkunde beeindruckende Architektur und unberührte Natur im Sendegebiet Ulm

In Ulm findest du unser Hauptsendestudio und kannst uns auf der Frequenz 101,8 empfangen. Auf meiner Reise durch diese Region bin ich auf einige spannende Entdeckungen gestoßen, die du unbedingt sehen musst! Die Gegend hier bietet eine weite, grüne Natur, wird von der weltbekannten Donau durchquert und ist mit urigen und gleichzeitig modernen Gebäuden besiedelt. Hier findest du große, aber auch kleine Abenteuer. Der perfekte Platz für einen Tagesausflug oder einen Wochenendtrip. Wenn du einfach mal bis ganz nach oben durch die unberührte Natur spazieren möchtest, wo dir ein traumhaftes Panorama geboten wird, findest du hier den passenden Wanderweg. Wer schon immer mal auf Wasserskiern übers Wasser fegen wollte, dem zeige ich, wo man das am besten machen kann. Und eine Höhle von innen mit dem Boot erkunden? Auch das gibt es hier. Natürlich ist das längst nicht alles.

38
817 ADVENTURE GOLF

Ehingen

WIMSENER HÖHLE
36

37
GEISTERHÖHLE
RECHTENSTEIN

HEUNEBURG
35

34
WACKELWALD &
WACKELWALD-PFAD

ESELSBURGER TAL

20 BURGRUINE
HELFENSTEIN

21

22

HÖHLENERLEBNISWELT GIENGEN-HÜRBEN

23 GUFI-SEE

 **ULM**

24 STRAUßEN-FARM DONAUMOOS
& LEIPHEIMER MOOS

BLAUTOPF

Günzburg

25 **26**

ULMER MÜNSTER

27

JAKOBSWEG

KLOSTER ROGGENBURG

28

Krumbach

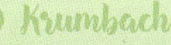

29

BAYERISCHES BIENENMUSEUM
IM VÖHLINSCHLOSS

Biberach

30 ÖCHSLE-BAHN

BUXHEIMER WEIHER **31**

33

Memmingen

BARFUßWEG
BAD WÖRISHOFEN

32

SALZGROTTE AM LINDENTOR

20. Erobere deine eigene Burg

Beide Bilder © Burgarchiv, Darius Lenz

Eine wunderschöne Aussicht über die grüne Fünftälerstadt erwartet dich auf der **Burgruine Helfenstein in Geislingen an der Steige.** Dort lernst du die mittelalterliche Bedeutung Geislingens als die Schaltzentrale des ehemaligen Helfensteiner Landes kennen.

Das 1.500 Hektar große Naturschutzgebiet lädt dich zu aufregenden Wanderungen rund um und durch Geislingen ein.

Zu einem der beliebtesten Ziele vieler Wanderer gehört die Burgruine Helfenstein. Lass dich von den verschiedenen Wegen und der einzigartigen Aussicht begeistern. In der Nähe der Burgruine ermöglicht dir der Ödenturm einen weiteren tollen Ausblick auf die historische Altstadt.

Die Stadt besteht aus fünf Tälern. Dem Oberen und Unteren Filstal, dem Rohrachtal, dem Eybtal und dem Längental. Daher wird sie auch als die „Fünftälerstadt" bezeichnet.

📖 Weilerstraße, 73312 Geislingen an der Steige

💰 Geld für Eintritt nicht vergessen

🌿 Natur pur

Mein Tipp

Deinen erlebnisreichen Tag kannst du besonders gut in den verträumten Winkeln der historischen Altstadt ausklingen lassen.

21. Natur pur genießen

Das in Herbrechtingen gelegene Naturschutzgebiet bietet dir nicht nur eine hervorragende Möglichkeit, gemütlich an der Brenz entlangzuspazieren, das **Eselsburger Tal** und die einzigartige Umgebung lassen sich zudem prima mit dem Fahrrad erkunden. Und dank der beeindruckenden Felsformationen, die sich durch das gesamte Tal ziehen, kommen Sportkletterer ebenso auf ihre Kosten. Besonders die Uferbereiche bieten eine vielseitige und hochinteressante Flora und Fauna. Die gar endlose Heidefläche wird vor allem im Frühjahr und im Sommer mit ihrer besonderen Blütenpracht zu einem der Höhepunkte des Tales.

Neben dem herrlichen Naturschauspiel wird im Eselsburger Tal auch Landwirtschaft betrieben. Dadurch bietet sich ein Abstecher in den Biohofladen oder ein Mittagessen in der Talschenke an. Das pittoreske Landschaftsbild des Eselsburger Tals wird ergänzt durch einige wertvolle historische Plätze und Gebäude, wie beispielsweise das Kloster Anhausen aus der Benediktinerzeit.

Was ich dir noch empfehlen kann

Lass dir die Sage der „Steinernen Jungfrauen" erzählen.

 Talstraße 15, 89542 Herbrechtingen

 Natur pur

Bild oben © Thomas Diem; Bild unten © Ralf Walter

37

22. Als Archäologe Höhlen erforschen

Die **HöhlenErlebnisWelt in Giengen-Hürben** bietet dir zahlreiche spannende Abenteuer. Mit 587 Metern ist die Charlottenhöhle eine der längsten Schauhöhlen Süddeutschlands. Sie birgt in ihren Gängen und Hallen eine gänzlich faszinierende Welt der Speläologie. Mit fachkundigen Führungen kannst du Informationen über die in Tausenden von Jahren entstandenen Stalaktiten und Stalagmiten sammeln. Die zum Teil bizarren Tropfsteinformationen lassen dir viel Raum für Fantasie.

© Guido Serino

Was ich dir noch empfehlen kann

Die verwinkelten Gassen in Giengens Altstadt laden dich zum Bummeln ein.

Schau nach der Tour im Erlebnismuseum HöhlenSchauLand vorbei. Hier steht die Faszination von Höhle, Mensch und Natur im Vordergrund. Zahlreiche interaktive Exponate werden hier liebevoll präsentiert. Das HöhlenHaus direkt gegenüber fungiert als Infostelle und ermöglicht dir u. a. besondere Einblicke in den Geopark Schwäbische Alb. Ein Abenteuerspielplatz und kulinarische Köstlichkeiten runden das Angebot ab.

Knappe fünf Autominuten entfernt befindet sich der **Archäopark Vogelherd.** Hier kannst du hautnah und am eigenen Leib erfahren, wie unsere Vorfahren in der Steinzeit gelebt haben. Feuer entfachen und Jagen lernen sind nur zwei der zahlreichen Aktivitäten, die hier auf dich warten. Ausgebildete Archäologen zeigen dir, mit welchen Mitteln vor Millionen von Jahren unser Alltag bestritten wurde.

In der „Schatzkammer" findest du die Ausstellung mit den ältesten figürlichen Kunstwerken der Menschheit. Lass dich an die Hand nehmen und werde selbst für einen Tag zum Archäologen.

🏛 Höhlen- und Heimatverein Giengen-Hürben:
Lonetalstraße 61
89537 Giengen

🏛 Archäopark Vogelherd:
Am Vogelherd 1
89168 Niederstotzingen-Stetten

💰 Geld für Eintritt nicht vergessen

🐾 Natur pur

23. Sportlich übers Wasser gleiten

Ein perfekter Ort für alle Wasserbegeisterten ist der **Gufi-See in Gundelfingen.** Dieser lädt dich, mit seiner Liftanlage für Wakeboard und Wasserski auf einen action- und erlebnisreichen Tag ein.

Lass die eindrucksvolle Atmosphäre des Sees auf dich wirken und genieße den Tag auf dem Wasser mit deiner Familie. Ob Anfänger oder Profi, für jeden ist etwas dabei, auch für die ganz Mutigen, die sich an Funbox, Slider oder Pipe versuchen möchten. Solltest du dich nicht ganz sicher fühlen, gibt es die Möglichkeit, Kurse mit einem ausgebildeten Trainer zu belegen.

Doch nicht nur das spaßige Wasserski- und Wakeboardfahren ist am Gufi-See einzigartig, sondern auch die wunderschöne Natur rund um den See.

Mein Tipp

Ob bei einer ausgiebigen Fahrradtour oder in einem bequemen Liegestuhl – am Ufer kannst du hier einfach abschalten und die Seele baumeln lassen.

🏛 Haldenweg 10, 89423 Gundelfingen/Donau

💾 Geld für Eintritt nicht vergessen

✍ Natur pur

Beide Bilder © Wasserski- und Wakeboard-Seilbahn Gufi-See

24. Ein Straußenei in den Händen halten

Auf der **Straußen-Farm Donaumoos** kannst du ein echtes Straußenei in den Händen halten. Mit viel Glück und zur richtigen Zeit siehst du live ein Küken aus dem Ei schlüpfen. Die Termine für den bevorstehenden Nachwuchs erfährst du unter www.straussenfarm-donau moos.de.

Vor Ort können die großen Gehege der Straußenfarm erkundet werden. Ein kurzer Rundweg schlängelt sich zwischen den verschiedenen grünen Weiden hindurch. Da Strauße sehr neugierige Tiere sind, wirst du auf Schritt und Tritt von einer Horde verfolgt.

Im Hofladen der Straußenfarm können Eier und Federn von Straußen erworben werden.

Was ich dir noch empfehlen kann

Die männlichen Tiere sind an den roten Schienbeinen zu erkennen. Ob das einen speziellen Grund hat?

Von der Straußenfarm führt ein ausgeschilderter kurzer Wanderweg in das **Leipheimer Moos.** Die gemütliche Wanderung führt vorbei an schottischen Hochlandrindern und wundervollen Landschaften. Highlight der Tour ist der Bohlenpfad mit Vogelausguckunterschlupf, um die Tiere im Landschaftsschutzgebiet besser beobachten zu können. Also: Fernglas nicht vergessen.

📖 Leipheimer Moos:
Schwarzfelder Weg 3, 89340 Leipheim

🦋 Natur pur

📖 Straußen-Farm Donaumoos:
Herdweg 2, 89340 Leipheim

💰 Geld für Eintritt nicht vergessen

25. Einfach mal blaumachen

Ein mystisches Leuchten aus Blau und Grün, Ursprung von Mythen und Erzählungen und seit jeher Zeugnis künstlerischen Treibens sowie früheren Schaffens. Gemeint ist der **Blautopf in Blaubeuren.** Der Ursprung der Blau – sie fließt nach 22 Kilometern in die Donau – ist für sein je nach Lichteinfall unterschiedlich blau schimmerndes Wasser bekannt.

Am Ufer befindet sich die Hammerschmiede, die bis 1889 ursprünglich zur Herstellung von Schmiedeeisen und Halbzeug genutzt wurde.

Viele Legenden und Sagen ranken sich um den Blautopf. Diese handeln zum einen davon, dass täglich ein Fass Tinte hineingeschüttet wurde, um seine einzigartige Farbe zu erzeugen. Zum anderen ist von einer Nixe die Rede, der Schönen Lau, die Messversuche mit Blei vereitelte, indem sie dieses stahl.

Lass dich inspirieren und die Faszination der schönsten Karstquelle der Schwäbischen Alb auf dich wirken. Der Rundweg um den Blautopf lädt dich zu einem gemütlichen Spaziergang ein.

Blautopf:
Parkplatz Dodelweg, 89143 Blaubeuren

Natur pur

© Stadt Blaubeuren

Noch was...

...kannst du den Zungenbrecher fehlerfrei aufsagen?
„'S leit a Klötzle Blei glei bei Blaubeira, glei bei Blaubeira leit a Klötzle Blei."

26. Den höchsten Kirchturm der Welt erklimmen

Wer nach Ulm fährt, sieht bereits von Weitem den kolossalen Kirchturm, der das **Ulmer Münster** zu dem macht, was es ist – nämlich mit einer Höhe von 161,53 Metern der höchste Kirchturm der Welt. Das Ulmer Wahrzeichen im Stadtkern ist seit jeher Anziehungspunkt für Touristen wie auch für lokale Besucher. Jede Menge Historie steckt in der „Alten Dame", die im gotischen Baustil errichtet wurde. Die detailreichen Portale und die über 15 Meter hohen Chorfenster begeistern durch ihre teils besonders bunten Applikationen. Die liebevoll von Hand gefertigten Bildschnitzereien in den Chorstühlen sind echte Handwerkskunst.

Der Hauptturm kann über 768 Stufen bis zu einer Galerie im oberen Drittel des Turmhelms in einer Höhe von 143 Metern bestiegen werden. Von dort bietet sich dem Besucher ein eindrucksvolles Panorama der Stadt und ihrer Umgebung. An einigen Tagen ist der Blick über ganz Oberschwaben bis zu den Alpen möglich.

© Pixabay, Hans

Wusstest du schon?

Nicht nur die Turmbesteigung, sondern auch die Führung durch die Keller des Münsters ist absolut sehenswert!

📖 Münsterplatz 21, 89073 Ulm

🪙 Geld für Eintritt zur Turm- und Kellerbesichtigung im Ulmer Münster nicht vergessen

27. Den Pilgervätern auf der Spur

Der bekannte **Jakobsweg** führt durch unser Sendegebiet. Und wo beginnt er? „El camino comieza en su casa" ist die spanische Antwort und bedeutet übersetzt: „Der Weg beginnt in Ihrem Haus".

Wusstest du schon?

Einer der Etappen startet in **Erbach** am Bahnhof. Von dort aus leiten dich die Jakobswegweißer mit der gelben Jakobsmuschel. Die Strecke führt durch eine wunderschöne Landschaft, über grüne Wiesen, sanfte Hügel, schöne Wälder und durch kleine gemütliche Orte. Somit genießt du während deiner Wanderung einen einzigartigen Blick über das faszinierende Donautal.

Pilgerabzeichen war und ist die Jakobsmuschel. Sie beschützt den Pilger auf seiner Heimreise und wurde auch zum Wasserschöpfen verwendet.

Auf dem Jakobsweg kommst du auch am Renaissanceschloss auf dem Erbacher Schlossberg vorbei. Dieses befindet sich zwar in Privatbesitz, eignet sich aber, eingebettet in eine malerisch schöne Landschaft, perfekt als Motiv für alle Hobbyfotografen.

 Bahnhof, 89155 Erbach

Natur pur

Beide Bilder © Erbach (Donau)

28. Einmal die spannenden Geschichten von Roggenburg hören

© Kloster Roggenburg

© Patrick Smrekar

Im Jahr 1126 gründeten die Grafen von Bibereck das **Kloster Roggenburg,** eine bis heute bestehende Barockanlage, die seit Jahrhunderten das Leben der Prämonstratenser begleitet.

Die erneute Besiedelung im Jahr 1982 durch einen neuen Konvent machte das Kloster Roggenburg noch einmal zu einem wichtigen Ort für die Region. Heute bietet das Bildungszentrum für Familie, Umwelt und Kultur zahlreiche Veranstaltungen, Ausstellungen und Tagungen an.

Das Efeu-Labyrinth, die faszinierende Klosterkirche, das interessante Museum sowie der Klosterladen und der Klostergasthof sind ebenfalls Teil der schönen Anlage.

In der Nähe des Klosters liegt der Roggenburger Weiher. Ein perfekter Platz, um deinen Tag angenehm ausklingen zu lassen. Dort kannst du in der schönen Natur auf dem Wasser mit Booten herumfahren oder es dir auf den grünen Liegewiesen so richtig bequem machen. Natürlich hast du auch die Möglichkeit, dir von einem Badesteg aus eine Abkühlung im Weiher zu gönnen.

📖 Roggenburger Weiher:
   Klostermühle 101, 89297 Roggenburg

📖 Kloster und Museum Roggenburg:
   Klosterstraße 5, 89297 Roggenburg

🗄 Geld für Eintritt nicht vergessen

Lass dir in der „Alten Mühle am See" direkt am Wasser in wunderschöner Atmosphäre eine Pizza schmecken.

Was ich dir noch empfehlen kann

29. Eine echte Königin besuchen

Das **Bayerische Bienenmuseum im Vöhlinschloss in Illertissen**, hoch über den Dächern der Stadt, bietet dir die einzigartige Gelegenheit, eine Königin und ihren Hofstaat zu besuchen. Dort summt und brummt es, wo man nur hinschaut. Du kannst die Bienen mit ihrem regen Treiben im Bienenstock durch gläserne Schaukästen beobachten und studieren. So erfährst und siehst du die Rollenverteilung der Bienen, wie der Nachwuchs aufgezogen wird und wie die Bienen ihren Honig gewinnen. Neben Informationstafeln und Bildern sind diverse Exponate ausgestellt. In den späten Frühjahrs- und Sommermonaten ist eine weitere Attraktion des Museums zu sehen – ein Schaubienenstock. Ihren Wohnraum kannst du hier von innen bestaunen.

Aus der Bienensammlung des Illertisser Pharmazeuten und Chemikers Karl August Forster, der ein Arzneimittel mit Bienengift herstellte, ist der Grundstock des Bienenmuseums entstanden.

Aber nicht nur die Bienen sind ein wahrer Hingucker, auch die Ausstellungsräume sind zu bewundern. Dort kannst du Renaissance-Stuckkassettendecken von 1595 oder in der Schlosskapelle die Deckenmalereien von Franz Martin Kuen, einem Maler aus Weißenhorn, besichtigen.

📖 Schlossallee 23, 89257 Illertissen

💰 Geld für Eintritt nicht vergessen

🌿 Natur pur

Mein Tipp

Schau am besten noch im Heimatmuseum ein Stockwerk höher vorbei.

© Landkreis Neu-Ulm

30. Pfeifend durchs Ländle dampfen

Das **Öchsle in Ochsenhausen** ist die letzte Königlich Württembergische, vollständig erhaltene Schmalspurbahn. Sie wurde 1985 von einem Verein wiederbelebt und ist im Landkreis Biberach ein einmaliges Erlebnis für wahre Eisenbahnliebhaber.

Du kannst mit der Eisenbahn, die von Warthausen nach Ochsenhausen und wieder zurück fährt, die wunderschöne Natur Biberachs und die beeindruckende Atmosphäre in der Bahn genießen. Diese einzigartige Fahrt lässt dich deinen Alltag vergessen und in die Faszination des „Öchsles" eintauchen. Den jeweiligen Fahrplan findest du auf der Homepage der Öchsle-Bahn.

Wenn die Lok mit neuer Kohle und Wasser bestückt wird, kannst du dich in der Innenstadt von Ochsenhausen stärken und bei einem Spaziergang die Stadt entdecken. Du hast alternativ die Möglichkeit zu einer „Öchsle"-Radtour – folge einfach den Schildern mit der Dampflok.

📖 Obere Stegwiesen, 88447 Warthausen

🪙 Geld für das Ticket nicht vergessen

Noch eine Idee

Ganz in der Nähe befindet sich das Kloster Ochsenhausen. Dort erwarten dich eine einzigartige Architektur und spannende Geschichten.

© Öchsle Bahn Betriebs GmbH

31. Endlich wieder Tretboot fahren

Beide Bilder © Lena Bosch

Wenn du einen entspannten Tag mit deiner Familie verbringen willst, bist du am **Buxheimer Weiher in Memmingen** genau richtig. Einfach mal die Natur genießen und einen erholsamen und ausgiebigen Spaziergang durch den schönen Buxheimer Wald machen.

An heißen Tagen kannst du im Weiher schwimmen gehen, dich beim Minigolf beweisen, bei einer Kräuterführung etwas dazulernen, durch den Vital- oder Walderlebnispark laufen oder ganz bequem Paddel- oder Tretboot fahren, angeln und vieles mehr.

Der Buxheimer Weiher bietet tolle und unterschiedliche Freizeitangebote für die ganze Familie an. Für die kleine Stärkung nach so vielen Aktivitäten sind rund um den See verschiedene gastronomische Angebote zu finden.

📖 Parkplatz am Weiherhaus, 87740 Buxheim

💰 Geld für Eintritt nicht vergessen

🎋 Natur pur

Mein Tipp

Besichtige noch das einzigartige Chorgestühl im Buxheimer Kartause-Kloster.

32. Ruhe und Entspannung genießen

© Salzgrotte am Lindentor

In der **Salzgrotte am Lindentor in Memmingen** kannst du einfach mal abschalten und genießen. Nicht nur das Salz wirkt entspannend, sondern auch die gemütliche Höhlenatmosphäre. Bei beruhigender Entspannungsmusik, einzigartiger Beleuchtung und dem beruhigenden Plätschern der Salinen erlebst du, in eine Decke gekuschelt, die Salzgrotte als deinen magischen Wohlfühlort.

Die Salzgrotte ist nicht nur zum Regenerieren da. Das Salz wirkt auch entzündungshemmend, beruhigt gereizte Haut und reinigt und befeuchtet deine Atemwege – zu vergleichen mit der reinen Luft am Meer.

Was ich dir noch empfehlen kann

Schau auch noch bei dem Kneipp-Aktivpark in Ottobeuren vorbei. Dort kannst du es dir auch gut gehen lassen und abschalten.

Mineralien und Spurenelemente werden über die Atemwege und unser größtes Organ, die Haut, aufgenommen. Die Luft in der Grotte wurde mit natürlichen Salzen wie Jod, Kalzium, Magnesium, Kalium/Natrium, Eisen, Kupfer und Selen angereichert. Circa 15 Tonnen Himalaja- und Totes Meer Salz wurden in der Grotte verbaut. Wenn du unter Asthma, Heuschnupfen, Migräne, Stress oder anderen Symptomen leidest, ist die Salzgrotte der perfekte Ort für dich.

📖 Lindentorstraße 10, 87700 Memmingen

💰 Geld für Eintritt nicht vergessen

33. Barfuß die Natur erkunden

Der **Barfußweg in Bad Wörishofen** bietet dir und deinen Füßen ein großartiges Lauferlebnis: auf 1.550 Metern die Natur barfuß erkunden und auf 163.000 Quadratmetern entspannt spazieren gehen.

Den Anfang und das Ende findest du im Kurpark bei der „Kneippanlage für alle". Folge mit deiner Familie den großen Fußabdrücken. Über verschiedene Wege kannst du dich vorantasten. Über den Sandstrand, über den Schlammgraben, über die Zapfengrube oder durch den Bach. An 25 weiteren ereignisreichen Stationen kannst du deinen Tastsinn herausfordern. Auch ein Labyrinth darf für die barfüßigen Entdecker nicht fehlen. Der Weg führt dich über verschiedenste, naturnahe Oberflächen. Über Holz, Stein und sogar Kirschkerne. Das Tasterlebnis für die ganze Familie. Kannst du alle Stationen meistern?

„Der Anfang der Abhärtung bleibt immer das Barfußgehen. Es gewöhnt unsere Natur (den Körper) am meisten an die Erde. Dabei wird das Blut nach unten geleitet, der Blutumlauf geregelt und die Füße gekräftigt."
Sebastian Kneipp

🏛 Schöneschacher Straße 2
   86825 Bad Wörishofen

🐾 Natur pur

Schau dir auf jeden Fall den ganzen Kurpark an. Dort gibt es noch viele andere Naturerlebnisse zu entdecken.

Beide Bilder © Dr. Lorenz Kerscher

34. Hüpfend durch den Wackelwald

In **Bad Buchau**, in der Nähe des Federsees, gibt es ein ganz besonderes Naturphänomen zu erforschen, den berühmten **Wackelwald**. Diesen findest du inmitten des malerischen Naturschutzgebiets des Federsees.

In diesem einzigartigen Wald steht nichts still. Denn bei jedem Schritt federt dich der weiche Boden zurück und die Bäume fangen an zu wackeln, besonders nach starken Regenfällen. Denn der Wald steht auf einem Moorboden. Mit etwa 33 Quadratkilometern ist es das größte Moor in Süddeutschland. Bevor dieser zu dem Wackelwald wurde, wie du ihn heute finden kannst, befand sich dort ein Eisweiher, der zu einem Fichtenwald aufgeforstet wurde. Mit den Jahren entstand unter dem Boden eine dicke Schicht Torf, die das Wackeln verursacht.

Durch die vielen dicken Wurzeln der Bäume und Pflanzen wird der Moorboden begehbar. Für die großen und kleinen Entdecker gibt es einen Naturerlebnispfad mit acht Stationen auf einer Länge von 600 Metern. Dort erfährst du nicht nur etwas über die Geschichte des Federmoors, sondern bekommst auch die Möglichkeit, mit all deinen Sinnen das Phänomen des Waldes zu erforschen. Dabei kannst du auch von den Aussichtspunkten Tiere und Pflanzen beobachten, die dort ihren Lebensraum gefunden haben. Die vielen verschiedenen Pflanzenarten und ihr Alter werden dich zum Staunen bringen. Für eine kleine Pause zwischen dem Entdecken laden Tische und Bänke zur Rast und einem Picknick ein. Der Wackelwald ist für jeden öffentlich zugänglich und ein besonderes Erlebnis für Groß und Klein.

© TMBW Stefan Kuhn

Mein Tipp

Lohnenswert ist in jedem Fall die kleine Wanderung über den Federseesteg zum Federsee.

🏛 Wackelwald, 88422 Bad Buchau

✏ Natur pur

35. Tauche in die Welt der Kelten ein

Majestätisch hoch liegt die **Heuneburg in Hundersingen** über der Donau. Mit einem Besuch in der Burg tauchst du in die Welt der Kelten ein. Entdecke den namentlich ältesten Ort in Deutschland, die Keltenstadt Pyrene, und ihre Hinterlassenschaft. Du kannst ganz bequem an der südländischen Lehmziegelmauer vorbei durch die Wehranlage spazieren und die einzigartige Atmosphäre im Herrenhaus auf dich wirken lassen. Vor Ort gibt es eine Mitmachaktion, Kurse, Führungen und Sonderausstellungen, um die Kelten noch besser kennenzulernen.

Zwei Kilometer von der Keltenstadt entfernt liegt das Heuneburgmuseum. Im Erdgeschoss kannst du nach der Übersicht über die 100-jährigen Forschungen mit dem Rundgang beginnen. Dieser startet bei der Jungsteinzeit und führt bis in die historische Zeit mit den wichtigsten Befestigungswerken und Siedlungsstadien der Heuneburg. Alles weist darauf hin, dass eine wohlhabende Elite die Burg bewohnt hat. Das Fürstinnengrab der Bettelwühl-Nekropole ist eines der bekanntesten. Der Schmuck der Fürstin war aus Bronze, Gagat, Bernstein und Gold. Im ersten Stock geht es um das hoch entwickelte Zimmerhandwerk. Damalige Innovationen ermöglichten eine platzsparende Bauweise.

📖 Heuneburg 1–2
  88518 Herbertingen-Hundersingen

🪙 Geld für Eintritt ins Museum nicht vergessen

© Günter Bayerl

Noch eine Idee

Im Museum musst du dir unbedingt die originalen Funde ansehen, Ergebnis jahrelanger Ausgrabungen.

51

36. Schipper mit dem Boot in die Höhle

Beide Bilder © Schumann

„...man will die Stille nicht hören, die hinter dem nahen klaffenden Felsspalt wohnt, die heilige Stille der Erde, von der ein glasklarer Bach, dem Berge entquellend, ein wenig lässt ahnen, eh uns der Kahn ins unterirdische Reich trägt..."

Max Rieple

In seinem Gedicht beschreibt Max Rieple die geheimnisumwobene **Wimsener Höhle**. Die einzige mit einem Wassergefährt befahrbare Wasserhöhle Deutschlands liegt im idyllischen Weiler Wimsen, dem romantischen Aachtal zwischen Hayingen und Zwiefalten. Von den 1260 Metern lassen sich rund 70 Meter befahren, bevor sich die Höhlendecke hinabsenkt und in einen Sifon übergeht.

Der Fährmann entführt dich in das mystische Erdinnere und liefert dir allerhand interessante Informationen über die Entstehung und deren Historie. Direkt neben der Höhle befindet sich die Gaststätte Friedrichshöhle, die dich mit leckeren Speisen verwöhnt. Aus Überzeugung und Qualitätsgründen werden in der Küche ausschließlich Lebensmittel in Bioqualität verarbeitet.

📖 Wimsen 1, 72534 Hayingen-Wimsen

Ab der Tress Gastronomie sind es noch 220 Meter bis zur Höhle

🦋 Natur pur

Hayingen ist aufgrund seiner Fachwerkhäuser besonders beschaulich.

Wusstest du schon?

37. Wag dich in die Geisterhöhle

Wer nach einem richtigen Abenteuer sucht, ist in der **Rechtensteiner Höhle** direkt an der Donau genau richtig. Viele kennen diese Höhle auch unter der Bezeichnung „Geisterhöhle". Willst du herausfinden, wieso sie so heißt?

Der Eingang ist ein offener Spalt in einer Felswand im oberen Massenkalk des Oberjura. Dorthin gelangst du über eine extra dafür angefertigte Treppe. Die Höhle hat vier bis zwanzig Meter lange, parallel verlaufende Gänge in die du einige Meter weit laufen kannst. Je weiter du hineingehst, umso kleiner werden sie. Pass also auf, an welcher Stelle du dich hindurchzwängst und wo du es lieber sein lässt.

Einige Ausgrabungen zeigen Knochen von Rentieren und Höhlenbären aus der Römerzeit.

Dieser Zugang ist jedoch verschlossen, du kannst dir den Schlüssel im Wirtshaus „Zur Brücke" ausleihen.

Falls du vom vielen Erkunden eine kurze Pause brauchst, kannst du dich unter den Bäumen im Schatten ausruhen und dem Rauschen der Donau lauschen.

📖 Hayinger Straße 4, 89611 Rechtenstein
✐ Natur pur

Hier brauchst du eine Taschenlampe. Du kannst natürlich auch einfach deine Handytaschenlampe nutzen. Denk daran, deinen Akkustand zu prüfen.

Mein Tipp

Beide Bilder © Gemeinde Rechtenstein

38. In 817 Meter Höhe einen Ball einlochen

Wenn du schon immer mal echtes Golf-Feeling erleben wolltest, bist du bei **817 Adventure Golf Westerheim** genau richtig. Dort spielst du auf der Schwäbischen Alb in 817 Metern Höhe. Es wird mit echten Golfbällen auf 18 unterschiedlichen Naturbahnen mit verschiedenen Geländeformungen und Höhenunterschieden gespielt. Du kannst den Ball bis zu 30 Meter in die Ferne schlagen oder zwischen Felsen und Bäumen hindurch. Auch kreative Wasserhindernisse und tiefe Sandbunker dürfen bei so einem Spiel nicht fehlen. Also lass dir die Bahnen wie den Erich-Moll-Graben, die Insel der Hoffnung oder die Eiserne Lady auf keinen Fall entgehen.

Für die kleinen Besucher gibt es eine extra Abschlagzone. Wenn dir nach einer kleinen Stärkung ist, gibt es in der Kaffeebar leckere Kuchen, frischen Kaffee und gekühlte Getränke. Der perfekte Familienspaß für Groß und Klein.

Beide Bilder © ADVENTURE GOLF

🏠 Beim Campingplatz 3, 72589 Westerheim

💰 Geld für Eintritt nicht vergessen

Was ich dir noch empfehlen kann

Schau unbedingt noch in der Tiefenhöhle in Laichingen vorbei und steige hinab unter die Erde ins Abenteuer.

Wir haben deine Lieblingshits!

Einschalten, Mitsingen!

MEINE MUSIK.
MEIN ZUHAUSE.

Ausflugsziel
Kloster Roggenburg

Kirchen- / Kloster- und Klostergarten-Führungen
(für Gruppen nach Anmeldung)
Klostermuseum

■ **Weiherweg** mit **Lauschtour** und **Osterbachweg**
■ **Bildungszentrum**
Familien-Umwelt-Nachmittage und vielfältiges Kursangebot

■ **Klostergasthof**
Schwäbische/Saisonale Küch·
Roggenburger Klosterbier
■ **Klosterladen**

Telefon (0 73 00) 9 21 92 -0
www.kloster-roggenburg.de

TUTTLINGEN

Erforsche die grenzenlose Natur rund um das Sendegebiet Tuttlingen

In diesem Sendegebiet befinden sich unsere Außenstudios in Tuttlingen und Konstanz. Hier hörst du uns auf der Frequenz 102,5. Ja, das Radio 7 Land bietet eine einmalige Natur. Was du im Kreis Tuttlingen erleben kannst ist einzigartig. Ich bin auf kleine, aber auch gigantische Schluchten gestoßen, habe Burgen und Fossilien ehemaliger Siedlungen besucht und wurde gefesselt von dem Anblick eines eindrucksvollen Vulkankraters. Wenn du die Natur liebst, findest du das nächste Reiseziel auf den kommenden Seiten. Wunderschöne Wasserfälle, spannende Museen und tolle Naturschutzgebiete. Das und viele andere Angebote warten hier auf dich. Eins ist sicher: Du kannst hier bestens zur Ruhe kommen und die klare Luft genießen. Natürlich wird großen und kleinen Naturliebhabern hier viel Abwechslung geboten. Plätze, an denen du dich austoben kannst, sind keine Seltenheit, und all das in teils unberührter Natur.

TRIBERGER WASSERFÄLLE
 57

DONAUQUELLE 56

55
DEUTSCHES UHRENMUSEUM

Freiburg

54
RAVENNASCHLUCHT

WUTACHSCHLUCHT 53

SCHLUCHSEE 52

Waldshut-Tiengen

BURG HOHENZOLLERN

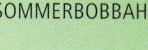
SOMMERBOBBAHN

39

 40

SCHIEFERERLEBNIS
DORMETTINGEN

Balingen

41

42 BARFUßPFAD

43

44

THYSSENKRUPP
TESTTURM

ERLEBNISTREFF BURG OBERHOHENBERG

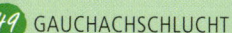Villingen-Schwenningen

 45 SCHWENNINGER MOOS

 TUTTLINGEN

DONAUVERSICKERUNG 47

46 NATURPARK OBERE DONAU

48 HÖWENEGG VULKANKRATER

49 GAUCHACHSCHLUCHT

50 LOCHMÜHLE

51

SAUSCHWÄNZLEBAHN

KONSTANZ

39. Erlebe den Glamour Hollywoods

Klappe und Action... aus gutem Grund machen große Filmproduktionen immer wieder an der **Burg Hohenzollern** bei Bisingen halt. Mit ihrer imposanten Erscheinung nimmt die Anlage beinahe eine ganze Bergkuppe ein. Hohe Türme ragen gen Himmel. Die perfekte Filmkulisse. Du kannst die Burg bei einer Besichtigung erkunden und hautnah erleben, wie es gewesen sein muss, als einst die preußischen Königs- und deutschen Kaiserhäuser dort residierten. Märchenhafte Zimmerdecken wölben sich über deinem Kopf, Gemälde zieren die Wände, die hohen Fenster lassen genug Licht herein, um das Innere prachtvoll schimmern zu lassen. Die Zugbrücke, die nur für ausgewählte Personen geöffnet wurde, ist während deines Besuchs permanent geöffnet. Marmorsäulen säumen deinen Weg.

Die Burg Hohenzollern ist das perfekte Ausflugsziel, wenn es darum geht, die prunkvollen Tage von damals fantasievoll nachzuempfinden. Lass dich verzaubern, faszinieren und begeistern von den interessanten Dingen, die dich dort erwarten.

📖 72379 Burg Hohenzollern

🗄 Geld für Eintritt nicht vergessen

Mein Tipp

Bitte beachte, dass du dein Ticket für den Besuch vorher online buchen musst.

© Roland Beck

40. Mit der Bobbahn durch die naturnahe Idylle pesen

Beide Bilder © Lena Bosch

Im wunderschönen Melchinger Tal befindet sich die **Sommerbobbahn Erpfingen,** die dir und deiner Familie ein ganz besonderes Erlebnis ermöglicht.

Mitten in der Natur gelegen, wirst du mit dem Lift hoch hinauf auf den Berg befördert, während du die idyllische Landschaft rundherum einfangen kannst. Allein dieser weite Blick über Berge und Täler ist lohnenswert.

Oben angekommen geht es ziemlich rasant wieder zurück ins Tal. Die Bobbahn bietet dir und deinen Liebsten ein sportliches Vergnügen, welches so schnell nicht in Vergessenheit gerät. Und das ist längst nicht alles, was hier geboten wird. Seit 2012 kannst du dich direkt neben der amüsanten Bahn durch den Kletterpark hangeln. Neben Geschicklichkeit und Selbstvertrauen kannst du hier auch deinen Mut unter Beweis stellen und dich durch die kniffligen Hindernisse kämpfen.

🏛 Stettenerstraße 44, 72820 Sonnenbühl-Erpfingen

💰 Geld für Eintritt nicht vergessen

🧭 Natur pur

Was ich dir noch empfehlen kann

Zwischen rasanten Abfahrten und mutigem Klettern kannst du es dir am Fuße der Bobbahn in der urigen Raststätte gemütlich machen.

41. Begib dich auf die Suche nach Millionen Jahre alten Fossilien

Das **SchieferErlebnis in Dormettingen** ist ein Natur- und Freizeitpark für jedes Alter. Der Park verfügt über verschiedene Naturlandschaften, in denen du dich austoben oder entspannen kannst. Für eine Interaktion der besonderen Art sorgt der Fossilienklopfplatz. Hier kannst du im Ölschiefer nach 180 Mio. Jahre alten Ammoniten und zahlreichen anderen Fossilien suchen. Was du gefunden hast ist dein und darf selbstverständlich als Andenken mit nach Hause genommen werden.

© SchieferErlebnis Dormettingen

Hast du ein paar antike Fossilien gesammelt? Dann geh doch schnell noch beim Präparator vor Ort vorbei, der dir aus deinem Fundstück einen echten Schatz zaubert.

Noch eine Idee

Für die kleinen Gäste gibt es das ideale Paradies zum Toben und Spielen. Der Bergbauspielplatz besteht aus einem Urweltbereich mit Holz, Felsen, Sand und Kies, sowie acht Meter hohen Klettertürmen mit Rutschen. Für die Kids findest du hier noch weitere lohnende Highlights. Es gibt sogar eine Freilichtbühne und ein Open-Air-Gelände – der ideale Ort für Konzerte, Theater, Kino und mehr.

Bei einem Rundgang erhältst du einen Einblick in die Geologie und Ökologie, Rohstoffe und viele weitere hochspannende Themen. Und wenn du Lust auf eine längere Wanderung hast, eignen sich der Schiefererlebnisweg, der

Erinnerungspfad oder die Schlichemwanderung wunderbar. All diese Pfade sind direkt an den Park angebunden. Für eine kleine Verschnaufpause sorgt das Restaurant „Schieferhaus – Genuss am See". Wie der Name schon sagt, genießt du hier einen traumhaften Blick auf einen naturbelassenen See.

🏛 Schiefererlebnis 1, 72358 Dormettingen

🗇 Geld für Eintritt nicht vergessen

🕸 Natur pur

42. Spüre den Boden unter den Füßen

Ach, es gibt doch nichts Schöneres als im Sommer die Schuhe beiseitezustellen und einfach mit den nackten Füßen durchs grüne, kühle Gras zu laufen. Genau das kannst du auf dem **Barfußpfad in Tieringen** machen.

Der Rundweg zieht sich über circa 900 Meter und ist umgeben von einer kaum berührten Natur. In mehreren Abschnitten spazierst du über verschiedene Untergründe oder Naturböden hinweg. Zu Beginn verläuft der Pfad über Pflaster, das noch harmlos wirkt im Vergleich zu den nachfolgenden Untergründen. Bei den Glasscherben ist einiges an Mut erforderlich. Anschließend folgen verschiedene Arten von Sand und Kies.

Damit ist der erste Abschnitt geschafft und deine Füße haben die erste angenehme Sohlenmassage bekommen. Zum Abkühlen geht es dann weiter zur Wasserstrecke im klaren Bach. Es folgen einige Stufen mit verschiedenen Arten von Holzbelägen bergauf und ein Übergang zum Naturboden mit schlammigen Abschnitten durch den Wald. Über Rindenmulch läufst du dann zurück zum Ausgangspunkt.

Du wirst überrascht sein, wie gut sich deine Quanten danach anfühlen – eine wahre Wohltat, auch für Körper und Geist.

📖 Hinter Burg 22, 72469 Meßstetten

🌿 Natur pur

Sollte dich nach diesem Marsch der Hunger überkommen, kannst du den Tag gediegen am Grillplatz neben dem Parkplatz des Barfußpfades ausklingen lassen. Also, Grillsachen einpacken!

Mein Tipp

Beide Bilder © Stadtverwaltung Meßstetten

43. Hier geht's hoch hinaus!

Zugegeben, wer den **thyssenkrupp Testturm in Rottweil** besuchen will, sollte schwindelfrei sein. Denn hier geht es immerhin 232 Meter in die Luft! Wer sich aber traut, wird mit einem spektakulären Panoramablick von der höchsten Aussichtsplattform Deutschlands belohnt. Abenteurer von Jung bis Alt treffen auf eine einzigartige Mischung aus Architektur und unberührter Landschaft.

Wer jetzt beim Gedanken an stundenlanges Treppensteigen schon ins Schwitzen kommt: keine Sorge! Der Weg zur Aussichtsplattform wird dir ganz leicht gemacht. Im Testturm werden Express- und Hochgeschwindigkeitsaufzüge getestet – und damit geht es auch ganz schnell nach oben. Im Panoramaaufzug ist der Name Programm, den Ausblick kannst du schon während der Fahrt genießen. Einmal angekommen kannst du dich auf der 360-Grad-Plattform frei bewegen, Fotos machen und die Landschaft rund um Rottweil bestaunen. Bei schönem Wetter reicht der Blick sogar bis zu den Alpen! Wer nach dieser Aussicht hungrig ist, kann sich am Imbissstand am Fuße des Turms auf leckere Snacks freuen.

🛏 Berner Feld 60, 78628 Rottweil

🗄 Geld für Eintritt nicht vergessen

✎ Natur pur

Mein Tipp

Wolltest du schon immer einmal eine Axt werfen wie ein richtiger Wikinger? Nicht weit entfernt vom Testturm befindet sich die Blackwood Axe and Knife Throwing Academy. Dort kann man Axt- und Messerwurf lernen - das ist ein bisschen wie Dart, nur viel cooler!

© thyssenkrupp Elevator

44. Stürze dich in ein Burgabenteuer hoch oben

Der **Erlebnistreff Burg Oberhohenberg** ist für jede Generation ein wahres Spektakel. Die Burg ist die höchste Erhebung des Zollernalbkreises.

Du erreichst sie zu Fuß über einen traumhaften Wanderweg inmitten der grünen Weite. Bist du einmal oben angekommen, bietet sich dir ein atemberaubendes Panorama, für das du unbedingt innehalten solltest.

Die Burganlage ist umgeben von zwei großen Einschnitten, den ehemaligen Wallgräben. Um die Funktion eines Wallgrabens besser erkennbar zu machen, ist einer davon mit einer Hängebrücke versehen. Schwindelfreiheit ist angesagt, denn sie gerät gerne mal ins Schwanken.

Über die Brücke verläuft der Wanderweg zum Oberhohenberg und bietet dir einen herrlichen Ausblick bis zum Schwarzwald. Nach dem Erkunden der Burganlage kannst du dir die Umrisse der ehemaligen Siedlung Hohenberg ansehen, zu erkennen am unterschiedlichen Bewuchs. Vor Ort erläutert dir eine Hinweistafel die genauen historischen Zusammenhänge. Zurück am Wanderparkplatz können sich die Kleinen noch auf dem gigantischen Spielplatz austoben, während du den schönen Ausblick bis in den Schwarzwald genießt.

🏰 Oberhohenberg
72355 Schömberg-Schörzingen

🌿 Natur pur

Nach der Tour kannst du dich in der schönen Schutzhütte stärken. Am Wochenende wird hier sogar Vesper verkauft.

Was ich dir noch empfehlen kann

Beide Bilder © Stadtverwaltung Schömberg

45. Einmal die reine Natur einatmen

Das circa 100 Hektar große Naturschutzgebiet **Schwenninger Moos** ist ein ganz besonderes Fleckchen Erde. Das Regenmoor ist circa 4.000 Jahre alt und wird von einer unsichtbaren Grenze, der ehemaligen Landesgrenze zwischen Baden und Württemberg durchquert. Hier kannst du reine Naturluft schnuppern und deinen Körper und Geist regenerieren. Du findest hier insgesamt neun Lebensraumtypen, von Moorwäldern, über geschädigte Hochmoore bis hin zu Kalkmagerrasen.

Außerdem kannst du hier den Klängen einer Vielzahl an Vögeln lauschen. Das Schwenninger Moos verläuft an einer der bedeutenden Vogelzuglinien, entlang des Neckars. Deshalb ist es ein wichtiger Bestandteil des großen Vogelschutzgebietes „Baar".

Du kannst dich hier unter anderem von Schwarzkehlchen oder Krickenten verzücken lassen. Eine große Wanderung um das Gebiet bietet dir die perfekte Kombination aus Bewegung, lebendiger Natur und einer Aussicht, wie aus dem Bilderbuch.

📖 Moos 6, 78054 Villingen-Schwenningen

🖉 Natur pur

Mein Tipp

Du kannst den Schwenninger Geschichts- und Naturlehrpfad entlangspazieren. Hier erfährst du an über 60 Tafeln die geschichtlichen und geologischen Besonderheiten.

Beide Bilder © Umweltzentrum Schwarzwald Baar Neckar

46. Kombiniere ein reizvolles Naturerlebnis mit der idealen Entspannung

Beide Bilder © Naturpark Obere Donau e.V.

In dieser bemerkenswerten Landschaft findest du ausgezeichnete Naturerlebnisse und die vollkommene Entspannung. Der **Naturpark Obere Donau in Beuron** ist ein herausragendes Erholungsgebiet.

Die Gesamtfläche erstreckt sich über knapp 1.500 Quadratkilometer und ist entlang des Durchbruchtals der Donau mit zahlreichen Felsen bestückt. Ein Blick auf die anmutigen Täler oder ein Spaziergang entlang einiger Hangkantenwege des Albtraufs runden den Ausflug ab.

Du kannst dich anhand verschiedener Angebote rund um die Geschichte und Kultur dieses Parks informieren. Die über Jahrhunderte entstandene Kulturlandschaft hat eine ideale Infrastruktur vorzuweisen.

Was ich dir noch empfehlen kann

Wenn du Lust auf etwas ganz anderes hast, dann lass dich auf vier Hufen durch den Park tragen.

Beim Wanderreiten kannst du die atemberaubende Landschaft auf eine neue Weise erleben.

An Kletterfelsen entlanghangeln, mit dem Rad die verschiedenen Radwege erkunden, die Kanustrecken auf dem kühlen Nass überqueren oder einfach die Wanderwege ablaufen – du entscheidest.

Sammle mit dem Besuch der Freilichtmuseen neue Eindrücke oder erkunde die wunderschönen Schaukräutergärten. Hier schlägt das Herz des Naturfreundes auf jeden Fall höher.

📖 Wolterstraße 16, 88631 Beuron
✎ Natur pur

47. Wo ein ganzer Fluss versickert

Beide Bilder © Stadt Tuttlingen

Hast du schon mal einen Fluss ohne Wasser gesehen? Nein? Tja, dann solltest du aber schleunigst die **Donauversickerung bei Tuttlingen** besuchen, denn dort bietet sich dir ein einzigartiges Naturschauspiel.

Vor wenigen Minuten strömte das Wasser der Donau noch durch ihr Bett und wenige Augenblicke später suchst du es vergeblich. Der Fluss versickert – oder versinkt – im Sommer vollständig im Karstgestein und taucht im über 180 Meter tiefer gelegenen Aachtopf wieder auf, der größten Quelle Deutschlands. In den kalten Monaten findet dieser Vorgang nur teilweise statt. Von Mitte Mai bis Mitte September kannst du hier gemütlich durch das Flussbett stapfen, ohne nasse Schuhe zu bekommen.

Abgesehen von ein paar kleinen Pfützen ist das Flussbett komplett trocken. Das Highlight sind hier die kleinen, sonderbar geformten Steine, die Schnecken und Muscheln ähneln. Tatsächlich sind es Tiere, die vor Millionen von Jahren gelebt haben. Dieses Schauspiel gibt es nur einmal auf der Welt, das solltest du nicht verpassen.

Dieses Abenteuer kannst du auch im Rahmen einer Führung erleben und eindrucksvolle Versteinerungen sammeln und mit nach Hause nehmen.

Was ich dir noch empfehlen kann

🛏 78532 Tuttlingen, Stadtteil Möhringen

🗄 Geld für Eintritt nicht vergessen

✐ Natur pur

48. Aus dem Alltag ausbrechen

Umgeben von einer stark bewaldeten Natur und gigantischen Felsen findest du einen türkis funkelnden See vor. Dieser ungewöhnliche Kratersee ist der **Höwenegg Vulkankrater in Immendingen.**

Vor ungefähr 10 Mio. Jahren brach besagter Vulkan aus und bildete diesen spektakulären See. Der Hauptkrater ist die größte von insgesamt sechs Ausbruchsstellen. In der zurückgebliebenen Schlucht wurden nach und nach einige Fossilienfunde wie Urpferde, Antilopen und Nashörner entdeckt.

Die umliegende Natur lädt zu einer angenehmen Tour ein, in der du das Naturschutzgebiet mit all seinen Farben und Klängen erkunden kannst. Seltene Tier- und Pflanzenarten finden hier ihren Lebensraum.

Der Höwenegg-Rundwanderweg leitet dich direkt am eingezäunten Abgrund vorbei. Hier bist du Geheimnissen aus Jahrmillionen auf der Spur. Halte den atemberaubenden Anblick, den Mutter Natur hier hinterlassen hat, unbedingt fest.

- 🏛 Höwenegg, 78194 Immendingen
- 💰 Geld für Eintritt ins Heimatmuseum nicht vergessen
- 🌿 Natur pur

Mein Tipp

Eine kleine, aber sehenswerte Sammlung der Fossilienfunde kannst du dir im Heimatmuseum in Immendingen anschauen.

© Gemeinde Immendingen

49. Erkunde ein ganz besonderes Schwarzwaldabenteuer

Der Genießerpfad in der **Gauchach-schlucht in Hüfingen** zählt zu den schönsten Wanderwegen Deutschlands. Und er hält, was er verspricht.

Hier in der Gauchachschlucht kannst du dich von einer Urlandschaft inspirieren lassen und etliche Tier- und Pflanzenarten hautnah erleben. Eingebettet in verwunschene Wälder und von berauschenden Wasserfällen umgeben wird dir ein sagenhaftes Erlebnis geboten.

Die Felsspalte ist ein Seitental der bekannten Wutachschlucht und steht ihr in nichts nach. Sie gehört in Deutschland zu den ältesten Naturschutzgebieten.

Der spannende Marsch durchs Paradies startet beim Wanderparkplatz in Mundelfingen. Bereits nach ein paar Metern entdeckst du den ersten Wasserfall in all seiner Pracht. Dem Pfad folgend, vorbei an zahlreichen idyllischen Plätzen, landest du irgendwann an der Burgmühle, die zur Rast einlädt. Gestärkt kannst du die restliche Tour zurück zum Ausgangspunkt angehen. Dieses einmalige Wandererlebnis wirst du mit Sicherheit in Erinnerung behalten.

📖 Mundelfingen, 752 Meter, Wanderparkplatz Burgmühleweg

🐾 Natur pur

Mein Tipp

Nachdem du die Natur auf dich wirken lassen konntest, kannst du jetzt in die Geschichte der Römer eintauchen. Besuche die römische Badruine und lass dich von der geschichtlichen Thematik begeistern.

© Stadt Hüfingen

50. Komm mit ins Abenteuerland

Beide Bilder © Erlebnisgastronomie Lochmühle GmbH

Ein über 40 Jahre alter Bauernhof, umfunktioniert zum attraktiven Freizeitpark für jedes Alter. Das ist zusammengefasst die **Lochmühle in Eigeltingen**.

Wenn du an einem Tag alles erleben möchtest, was du sonst im ganzen Jahr nicht siehst, dann bist du hier richtig. Du hast die perfekte Wohlfühloase, um zur Ruhe zu kommen, und erlebst gleichzeitig einen ereignisreichen Tag mit allem, was dazu gehört.

Die naturhafte Landschaft kannst du zum Beispiel mit einer romantischen Kutschfahrt durch den Park erkunden. Miniquads stehen dir für eine spritzige Fahrt zur Verfügung. Wenn du es nicht ganz so rasant magst, gibt es auch die Möglichkeit, mit dem Mini-Traktor eine Runde zu drehen, und wenn du dich

Lust auf einen richtigen Adrenalinschub? Dann musst du unbedingt das Abenteuer Steinbruch mitmachen:
Was ich dir noch empfehlen kann
die Seilbrücke überqueren und viermal mit der Seilbahn über den Abgrund schießen.

lieber ganz vom Steuer fernhalten möchtest, gibt es das Eisenbähnle. Es fährt gemütlich am Weiher entlang.

Im Tierpark gibt es niedliche Vierbeiner zu bestaunen und im Streichelzoo kannst du ihnen sogar nahekommen. Noch näher kommst du den Ponys beim Ponyreiten. Aber es gibt noch viele weitere Attraktionen, die du zu sehen und zu „spüren" bekommst. Welche das sind, wirst du vor Ort entdecken.

📖 Hinterdorfstraße 44, 78253 Eigeltingen

51. Befahre das romantische Wutachtal mit einer historischen Eisenbahn

Die **Sauschwänzlebahn aus Blumberg** ist bekannt für ihre nostalgische Atmosphäre und die herrliche Natur, die sie durchquert. Die Zugstrecke erinnert an eine märchenhafte Fahrt, wie du sie aus alten Kinderbüchern kennst.

Die Strecke zieht sich 25 Kilometer lang von Blumberg-Zollhaus nach Weizen und schlängelt sich dabei durch eine atemberaubende Landschaft. Du fährst in den Bergen durch Tunnel, überquerst Täler, und genießt dabei einen bemerkenswerten Blick, bei schönem Wetter sogar bis zu den Alpen.

Den Namen verdankt die urige Bahn einem ihrer Tunnel, der in seinem Verlauf eine Spirale bildet und den Zug einmal im Kreis über 15 Höhenmeter fahren lässt. Betrachtest du diesen Abschnitt von Weitem, ähnelt er einem Schweineschwänzchen.

Stilgerecht wird die Sauschwänzlebahn von einer historischen Dampflok befahren, die dich in eine andere Zeit zurückversetzt. Bei dieser sensationellen Fahrt kannst du dich einfach mal entspannt zurücklehnen und die Eindrücke der Natur auf dich wirken lassen.

🏛 Bahnhofstraße 1, 78176 Blumberg

💰 Geld für Eintritt nicht vergessen

✐ Natur pur

Noch eine Idee

Diese einmalige Fahrt lässt sich wunderbar mit einer beeindruckenden Wanderung verbinden. Über den Sauschwänzleweg gehst du ein Stück zu Fuß durch die Natur und mit der Sauschwänzlebahn fährst du wieder zurück.

© Bahnbetriebe Blumberg

52. Die höchstgelegene Talsperre bewundern

Der in den Bergen gelegene **Schluch-see in Hinterzarten** wurde vor rund 80 Jahren von einem Gletschersee aufgestaut. Dadurch wurde der See zu der höchstgelegenen Talsperre in Deutschland.

Die eindrucksvolle Seenlandschaft lädt zu wundervollen Wanderungen und Fahrradtouren ein. Dabei stehen dir auf 160 Kilometern die verschiedensten Wanderwege zur Auswahl. Direkt um den schönen See herum kannst du am Wasser entlang den 18 Kilometer langen Seerundweg bezwingen. Außerdem ist der Schluchsee auch mit dem Schwarz-wald-Mittelweg und seit 2008 auch mit dem Schluchtensteig verbunden. Aber auch als Rad- oder Mountain-bikefahrer hast du die Möglichkeit, auf der über 300 Kilometer langen Strecke deine perfekte Route von gemütlich bis sportlich auszuwählen. Da ist für jeden etwas dabei.

Nicht nur für Wanderer und Radsport-begeisterte hält der Schluchsee Freizeitangebote bereit, auch Familien und Besucher von Jung bis Alt kommen auf ihre Kosten. Dich erwartet eine große Auswahl an erstklassigen Sportmöglich-keiten – Tauchen, Surfen, Segeln oder

Angeln. Oder genieße einen ruhigen und gemütlichen Tag am klaren Wasser. Auch für die, die nicht so gerne in Seen baden gehen, ist gesorgt. Denn direkt am See befindet sich das Freizeitbad aqua fun, in dem sich Kinder auf einer 105 Meter lan-gen Riesenrutsche, in einem Strömungs-kanal oder auf dem Abenteuer-Spielplatz austoben können.

© Hochschwarzwald Tourismus GmbH

Besorge dir am besten für deinen Ausflug in den Schwarzwald die SchwarzwaldCard. Sie ermöglicht dir vergünstigten Eintritt oder sogar Gratis-Tickets.

Mein Tipp

📖 Freiburger Straße 1–14, 79856 Hinterzarten

🪙 Geld für Eintritt ins Aqua Fun nicht vergessen

🌿 Natur pur

71

53. Zu Fuß durch den Grand Canyon Deutschlands wandern

Die Wutach ist einer der letzten ungezähmten Wildflüsse in deutschen Mittelgebirgen. Und das sieht man sofort. Denn während einer Wanderung durch die 60 bis 170 Meter tiefe **Wutachschlucht in Löffingen** kommst du vorbei an rauschenden Wasserfällen, zerklüfteten Tälern sowie abenteuerlichen Wildflüssen und stößt dabei auf eine vielfältige Tier- und Pflanzenwelt: schwarz-gelbe Feuersalamander am Wegesrand, imposante Wanderfalken am Himmel und gigantische, grüne Pestwurzblätter am Ufer, soweit das Auge reicht! Zur Erhaltung dieser aufregenden Urlandschaft sind sogar speziell ausgebildete Wutach-Ranger angestellt.

Das rund 20 Kilometer lange, wilde Engtal lässt sich bei der Anreise kaum erahnen, auch nicht wenn du vom Quellbach der Wutach flussabwärts fährst.

Er kommt vom Osthang des Feldbergs und schlängelt sich noch unter dem Namen „Seebach" bis zum Titisee. Als „Gutach", abgeleitet von „Gute Ach", verlässt er den Titisee ehe er bei Neustadt zum reißenden Fluss wird und den Namen Wutach erhält, was so viel heißt wie „Wütende Ach". Die Wutachschlucht kannst du nur zu Fuß durchqueren. Denk dabei unbedingt an feste Schuhe denn der Weg ist abenteuerlich. Der Weg durch die Wutachschlucht verläuft an Felswänden entlang (schwindelfrei müsst ihr nicht sein), auf schmalen Waldpfaden und über kleine Flussbrücken. Er ist in drei Abschnitte aufgeteilt. Du hast also immer wieder die Möglichkeit, aus der Schlucht aus- und in die Schlucht einzusteigen. Ein regelmäßig verkehrender Bus bringt dich dann auch wieder bequem zum Ausgangspunkt zurück.

© Hochschwarzwald Tourismus GmbH

Was ich dir noch empfehlen kann

Wenn du danach immer noch Power hast, schau noch bei den Wildtieren in Tatzmania in Löffingen vorbei.

Schattenmühle 1, 79843 Löffingen

Natur pur

54. Begib dich auf die spektakuläre Schluchtenwanderung

Wenn du eine Wanderung der besonderen Art suchst, bist du hier richtig. Die **Ravennaschlucht in Breitnau** ist ein schmales und steil ansteigendes Stück des Höllentals. Der rasende Bach Ravenna bahnt sich seinen Weg hindurch und wird an einigen Stellen zu einem Wasserfall.

Die zwei größten Wasserfälle, welche die spannende Schlucht vorzuweisen hat, sind der kleine Ravennafall mit einer Fallhöhe von sechs Metern und der große Ravennafall mit seinen 16 Metern. Durch die Felsspalte führt der Heimatpfad Hochschwarzwald, ein Freilichtmuseum, das einige Kulturdenkmäler wie altes Handwerk oder denkmalgeschützte Anlagen zu bieten hat. Auf dem historischen Weg wanderst du vorbei an zahlreichen wichtigen Zeugnissen des bäuerlichen Lebens.

Im unteren Bereich der Schlucht überquerst du eine über 30 Meter hohe Brücke, das Viadukt der Höllentalbahn. Höhenangst solltest du also nicht haben. Für diesen Pfad empfiehlt sich festes Schuhwerk. Vor allem bei Regen können die Holzstege und -stufen rutschig werden.

© Hochschwarzwald Tourismus GmbH

Noch eine Idee

Auf dieser naturnahen Wanderung musst du unbedingt am historischen Zollhaus im Höllental vorbeischauen. Hier wird die sehenswerte Verkehrsgeschichte des Höllentales auf Schautafeln erläutert.

📖 Ravennaschlucht: 79874 Breitnau

💰 Geld für Eintritt nicht vergessen

🌿 Natur pur

55. Einmal Zeitreisender sein

Die Sammlung des **Deutschen Uhren-museums in Furtwangen** besteht schon seit über 160 Jahren und umfasst rund 8000 Objekte aus aller Welt. Du kannst dir dort circa 1000 Uhren ansehen und dir ihre Geschichte erzählen lassen.

Das Museum beinhaltet eine Dauer-ausstellung, in welcher du alles über Uhren erfährst, von der Beobachtung des Sonnenlaufs bis hin zur koordinier-ten Weltzeit. Auch wahre Schätze an historischen Quellen und Firmenschriften findest du in der Bibliothek zur Uhrma-cherei. So nimmt dich das Uhrenmuseum mit auf eine Zeitreise, bei der du alles zum Thema Zeit und zur Fertigung von Uhren erfährst.

Außerdem bietet das Museum auch eine wechselnde Sonderausstellung, die zu unterschiedlichen Zeiten präsentiert wird.

Im Museum kannst du auch den Kuckuck in seiner Uhr zu Hause besuchen. Eine weitere Möglichkeit, dir ein paar der Uhren anzusehen ist, der Besuch im digitalen Museum, zu finden auf der Homepage des deutschen Uhrenmuseums in Furtwangen. www.deutsches-uhrenmuseum.de

📖 Robert-Gerwig-Platz 1, 78120 Furtwangen

💰 Geld für Eintritt nicht vergessen

🐾 Natur pur

Wer mehr über die Uhrenherstellung oder die Geschichte der Uhr wissen will oder die weltgrößte Kuckucksuhr besuchen möchte, sollte sich die 320 Kilometer lange Deutsche Uhrenstraße nicht entgehen lassen.

Mein Tipp

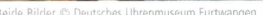
Beide Bilder © Deutsches Uhrenmuseum Furtwangen

56. Finde den Ursprung der weltberühmten Donau

„Brigach und Breg bringen die Donau zuweg", so heißt es im allgemein bekannten Sprichwort über die **Donauquelle in Furtwangen.** Aus dieser Quelle plätschert gemütlich die Breg und bahnt sich ihren Weg ins Tal. Der Wassergott „Danuvius" in Form einer Bronzestatue, wacht über die Quelle, dass sie auch nicht versiegen werde.

© Donauquelle Stadtverwaltung Furtwangen

Die Donau erstreckt sich über fast 3.000 Kilometer und ist somit neben der Wolga der mächtigste Strom Europas. Kein Wunder, dass 1544 ein Streit darüber entfachte, in welchem Land sich die Quelle des weltberühmten Flusses befinde.

Und auch mit dem Rad lässt sich die attraktive Natur rund um den Ursprung des Stroms bestens erkunden. Hierfür empfiehlt sich der „Bregtal-Donau-Radweg" über die Quellen der Brigach, Elz und Breg.

Mittlerweile kannst du die Donauquelle aber ganz ohne Reibereien besuchen. Wenn du gerne spazieren möchtest, bieten sich ein paar ausgezeichnete Wanderwege an.

 Parkplatz am Neuweg, 78120 Furtwangen

Natur pur

Für ein beeindruckendes Panorama besuche noch den Brendturm in Furtwangen. Der 17 Meter hohe Aussichtsturm auf dem Brend bietet dir einen atemberaubenden Blick über die Schwäbische Alb, den Südschwarzwald, bis hin zu den Schweizer Alpen.

Noch eine Idee

57. Lass dich von den höchsten Wasserfällen verzaubern

Bei den **Triberger Wasserfällen** im Schwarzwald erlebst du eines der schönsten und höchsten Naturschauspiele in Deutschland. Dabei fällt das Wasser der Gutach 163 Meter in die Tiefe und stürzt sprudelnd und perlend auf die sieben Fallstufen.

Nach starkem Regen oder in den Schmelzwasserzeiten fließt besonders viel Wasser in die Tiefe. Du kannst dir dieses Spektakel das ganze Jahr über ansehen, denn auch im Winter werden dich die Wasserfälle beeindrucken. Sie sind bis 22:00 Uhr beleuchtet und verzaubern dich auch dann noch, wenn die Sonne schon untergegangen ist. Durch den neuen Steg mit Aussichtsplattform eröffnet sich dir ein einzigartiger Blick auf die Kaskaden.

© Stadt Triberg

Wusstest du schon?

Durch die Ionisierung der Luft wirken die Wasserfälle bei Asthmaerkrankungen oder Erkältungen heilend.

Wenn du mehr über die erstaunlichen Wasserfälle, die wunderschöne Pflanzenwelt und interessante Tierwelt erfahren möchtest, kannst du dich auf den Informationstafeln schlaumachen. Du hast außerdem die Wahl zwischen drei Wegtouren, die dich zum Wasserfall bringen. Entscheide dich zwischen dem Naturweg, dem Kaskadenweg oder dem Kulturweg. Insgesamt fünf verschiedene Eingänge führen zu den Wasserfällen. Eine weitere Besonderheit sind die Eichhörnchen, die rund um die Wasserfälle ihr Zuhause gefunden haben. Sie können aus der Ferne beobachtet oder aus der Nähe gefüttert werden. Eine schöne Erfahrung in einer bezaubernden und einzigartigen Umgebung.

📖 Schönwälder Straße 2, 78098 Triberg im Schwarzwald

💰 Geld für Eintritt nicht vergessen

✍ Natur pur

INTERAKTIVE FAMILIEN ACHTERBAHN

ab Sommer 2020

SANTA LORE

Schwaben Park

DER PARK FÜR DIE GANZE FAMILIE

SCHLOSS SIGMARINGEN

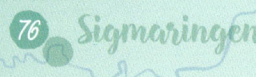

76

ZIELFINGER SEEN 75

74 RÄUBERBAHN

PFRUNGER-BURGWEILER RIED

73

RAVENSBURG

REICHSABTEI SALEM

70

BLASERTURM 71

72

NEUES SCHLOSS
KIßLEGG

69 PFAHLBAUTEN UNTERUHLDINGEN

LÄDINE

68

NATURSCHUTZGEBIET
ERISKIRCHER RIED

67

SKYWALK
ALLGÄU

65

WASSERBURG 66

64

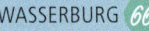Bregenz

NATURSCHUTZGEBIET RHEINDELTA

 RAVENSBURG

Genieße romantische Städtchen und das Schwäbische Meer im Sendegebiet Ravensburg

In diesem Sendegebiet befindet sich unser Außenstudio in Ravensburg. Hier empfängst du uns auf der Frequenz 105,0. Erwandere die vielfältige Natur bis hoch auf den Berg, um von dort aus den Blick ins traumhafte Umland schweifen zu lassen.

Bist du schon mal mit einem historischen Boot in den Sonnenuntergang gefahren? Weitläufige Naturschutzgebiete, Schlösser hoch oben über den Tälern, spannende Abenteuer zwischen Wäldern und Brücken in schwindelerregender Höhe – nach all den aufregenden Erlebnissen ist ein entspannter Strandtag am Bodensee genau das Richtige. Diese schier grenzenlose Vielfalt an Landschaft und Aktivitäten in der Vier-Länder-Region gibt es nur einmal in Deutschland und du solltest sie auf keinen Fall verpassen. Genieße die Aussicht auf eine spektakuläre Bergwelt und lass dich von der fast schon mediterranen Atmosphäre am größten See Deutschlands mitreißen.

58 HÄNGEBRÜCKE MIT AUSSICHTSTURM

Kempten

59 SCHWARZER GRAT

60 EISTOBEL

61 ZIPLINE AN DER ALPSPITZBAHN

HIGHLINE179
62

AUDI ARENA & HEINI-KLOPFER-SKIFLUGSCHANZE
63

58. Nach langer Tour in die Ferne blicken

Beim Wandern oder Spazierengehen zwischen **Bad Grönenbach und Legau** solltest du dir einen Abstecher zum Illersteg mit seinem Aussichtsturm nicht entgehen lassen. Groß und Klein kommen hier auf ihre Kosten, während die Kinder die nähere Flora und Fauna erkunden, kannst du gemütlich auf einer Bank am Ufer sitzen und es dir gutgehen lassen. Das andere Ufer erreichst du trockenen Fußes über eine etwa 80 Meter lange **Hängebrücke**. Das Highlight wartet auf der anderen Seite. Hier steht ein circa 23 Meter hoher **Aussichtsturm**, der dir einen Blick auf die nahegelegene Illersteilwand und die Umgebung ermöglicht. Für die Metallkonstruktion solltest du schwindelfrei sein. Aber nicht nur zu Fuß lässt sich die Gegend rund um Bad Grönenbach erkunden. Auch Mountainbikefahrer kommen voll auf ihre Kosten.

Das naturnahe Ufer, ein Auengewässer, eine Fischbeobachtungsstation sowie Grill- und Bademöglichkeiten laden dich zum Verweilen und Krafttanken ein. Sollten die Füße nach einer langen Tour doch einmal schmerzen, gibt es ein Kneippbecken, das dir erfrischende Linderung verschafft.

📖 Parkplatz Illerstraße, 87764 Legau

✐ Natur pur

Mein Tipp

Das Umland von Bad Grönenbach eignet sich hervorragend für die unterschiedlichsten Radtouren.

© Tobias Kloeck

© Myriam Schell

59. Über ganz Württemberg stehen & staunen

Beide Bilder © Isny Marketing GmbH, Fotos Ernst Fesseler

Vom höchsten Punkt Württembergs, dem **Schwarzen Grat bei Isny,** kannst du einmal innehalten und deinen Blick über den Bodensee, die Nagelfluh- und Alpenkette schweifen lassen. Den Abenteuerpfad zum Gipfel kannst du in einer kurzen (6,8 Kilometer, 2,5 Stunden Gehzeit) und einer längeren (10,8 Kilometer, 4 Stunden Gehzeit) Variante durchwandern. Spielerische Aktionsbereiche warten unterwegs ebenso auf dich wie ein Picknickplatz mit toller Aussicht.

Oben angekommen wirst du auf einem 28 Meter hohen Aussichtsturm mit einem fantastischen Panoramablick belohnt. Auf kleine Gipfelstürmer wartet ein Spielplatz, hier können sie schaukeln, wippen oder sich am Kletterturm austoben.

Was ich dir noch empfehlen kann

Etwa 15 Minuten Gehzeit entfernt liegt, die bewirtschaftete Alpe Wenger Egg, eine gemütliche Einkehrmöglichkeit.

Sollte dich der kleine Hunger überkommen, hat der Kiosk Snacks und Getränke im Angebot. Alternativ kannst du die Grillstelle nutzen.

Genieße die Vielzahl an Möglichkeiten, die den Schwarzen Grat zu einem ganz besonderen Ausflugsziel für dich und deine Familie macht.

🗺 Wanderparkplatz, 88316 Isny-Bolsternang oder Wanderparkplatz Isny-Großholzleute

🌿 Natur pur

60. Dem Rauschen des Wassers lauschen

Bis zu 18 Meter tief fällt das Wasser, bevor es in einer tiefen Gumpe ankommt. Charakteristisch für den **Eistobel Grünenbach,** der sich zwischen Schüttentobel und der Argentobelbrücke befindet, sind nicht nur seine bewundernswerten Wasserfälle. Riesige Gesteinsblöcke und gewaltige Felswände machen deinen Ausflug dorthin zu einem unvergesslichen Erlebnis. Auf einem gut gesicherten Pfad lässt sich das Naturschutzgebiet wunderbar begehen. Dabei gibt es viel zu entdecken. Die unterschiedlichen Gesteinslagen lassen dich Zeuge der in Jahrhunderten von Jahren entstandenen Erdgeschichte werden.

Am Infopavillon an der Argentobelbrücke beginnt dein Abenteuer. Alternativ kannst du am Wanderparkplatz in Schüttentobel starten. Vier Wegvarianten zwischen dreieinhalb und neun Kilometern sorgen für jede Menge Abwechslung. Da es auf und ab geht, solltest du auf geeignetes Schuhwerk achten und wetterfeste Kleidung dabei haben.

🏠 Hauptstraße 85, 88167 Grünenbach

💰 Geld für Eintritt nicht vergessen

🌿 Natur pur

Mein Tipp

Der Einlass am Wanderparkplatz Schüttentobel erfolgt über ein Drehkreuz. Daher Kleingeld nicht vergessen.

Beide Bilder © Pixabay, Tommy_Rau

61. Durch die Baumwipfel fliegen

Mit bis zu 120 km/h schießt du an einem Drahtseil talabwärts. Die aufregende **Zipline in Nesselwang** an der Alpspitzbahn ermöglicht dir in zwei Sektionen mit einer Gesamtlänge von 1,2 Kilometern einen etwas anderen Abstieg.

© Nesselwang Marketing GmbH

Du startest in der Bergstation auf rund 1500 Metern Höhe, ganz in der Nähe des Gipfels der Alpspitze. Ausgestattet mit einem Helm und sicherem Gurtzeug rauschst du ins Tal hinab. Ausgebildete Flight-Guides stehen zu deiner Sicherheit parat und betreuen dich solange, bis du wieder festen Boden unter den Füßen hast. Selbstregulierende Magnetbremsen sorgen für ein weiches Ankommen. Während der Fahrt kannst du den Blick über die Voralpenlandschaft schweifen lassen und gleichzeitig den Adrenalinkick genießen.

Solltest du nicht genug bekommen, rundet die Sommerrodelbahn an der Alpspitze deinen Ausflug ab. Die Alpspitzbahn wurde zu einer der schönsten und besten Rodelbahnen der Alpen gekürt. In 13 Kurven, zwei Jumps und einem Tunnel kannst du auf Einzel- oder Doppelsitzen gefahrlos ins Tal hinabsausen. So wird die Abfahrt selbst für

die kleinsten Adrenalinjunkies zum Abenteuer. Zu Fuß oder über den Sessellift erreichst du den Start der Bahn. An der Mittelstation erwartet dich ein kleiner Streichelzoo mit Schafen und Ziegen. Außerdem kann hier auch eine kleine Kaffeepause eingelegt werden.

🏛 Alpspitzweg 5, 87484 Nesselwang

🍽 Geld für Eintritt nicht vergessen

✍ Natur pur

Zu deiner Sicherheit ist für eine Fahrt in der Zipline eine Mindestgröße von 1,50 m und ein Maximalgewicht von 130 kg zu beachten.

Mein Tipp

62. Hoch oben übers Tal stolzieren

Zugegeben, wer die **highline 179** besuchen will, sollte schwindelfrei sein. Denn hier geht es immerhin 114 Meter in die Luft! Wer sich aber traut, wird mit einer spektakulären Aussicht belohnt. Abenteurer von Jung bis Alt finden mit dem Besuch der Hängebrücke eine einzigartige Mischung aus imposanter Brückenarchitektur und traumhafter Landschaft.

Die schmale Brücke, die die Ruine Ehrenberg mit dem Fort Claudia verbindet, liegt in Reutte, gleich hinter der deutschen Grenze. Hier trifft Geschichte auf Innovation – historische Burgen, wortwörtlich verbunden durch eine moderne Seilhängebrücke. Ein zwanzigminütiger Spaziergang führt dich vom Parkplatz der Klause zum Brückenportal. Planst du einen Besuch der Highline 179, solltest du an sicheres Schuhwerk und bestenfalls Nordic Walking Stöcke denken, denn der Weg zur Brücke führt hauptsächlich durch den Wald und es geht stets bergauf.

Der Weg lohnt sich aber allemal: Begleitet von Vogelgezwitscher läuft sich der Pfad wie von allein. Einmal angekommen, lässt man erst mal das grandiose Panorama auf sich wirken. Der Weg über die Highline ist etwa 400 Meter lang – vielleicht genau die richtige Distanz, um Höhenangst zu vergessen und den 360-Grad-Blick zu genießen?

📖 Ausfahrt Burgenwelt Ehrenberg, Klause 1, 6600 Reutte (Österreich)

🗄 Geld für Eintritt zur Hängebrücke nicht vergessen

✎ Natur pur

Was ich dir noch empfehlen kann

Auch die Burgen sind einen Besuch wert! Auf der Burg Ehrenberg werden tapfere Kinder sogar zum Ritter geschlagen.

© Pixabay, jannahhannah21

63. Fühle dich wie ein Adler

Oberstdorf blickt auf eine lange Tradition im Skispringen zurück. Von der Vierschanzentournee bis zur Weitenjagd wird dir hier eine Vielzahl an Wintersportarten geboten. Mit weit über 100 km/h schießen die Athleten eine circa 39 Grad steile Schanze hinunter, bevor sie vogelgleich durch die Lüfte gleiten. Sommer wie Winter wird an der **Audi Arena** und der **Heini-Klopfer-Skiflugschanze** trainiert. Mindestens ebenso spektakulär wie die Sprünge ist die Anlage selbst, die sich imposant gen Himmel streckt. Von der Spitze der Audi Arena und der Heini-Klopfer-Skiflugschanze scheint es, als lägen dir Oberstdorf und der Freibergsee zu Füßen. Vielleicht kannst du jetzt auch ein wenig nachempfinden, wie es sich anfühlen muss, sich diese steile Schanze herunterzustürzen.

Die Geschichte, die sich in den letzten Jahren dort verewigt hat, kannst du dir im Ski Museum der Audi Arena ansehen. Ausgestellt sind viele Exponate und Modelle über die Entstehung und Entwicklung der Anlage. Auf der Terrasse des Museums kannst du noch einmal bei einem Kaffee oder einem kleinen Snack die Aussicht in vollen Zügen genießen.

© Pixabay, USA-Reiseblogger

Noch eine Idee

Oberstdorf bietet nicht nur im Winter eine Vielzahl an Freizeitmöglichkeiten, vom Skigebiet bis zum Kletterwald ist alles dabei.

📖 Audi Arena Oberstdorf:
Schanzenstraße, 87561 Oberstdorf

📖 Heini-Klopfer-Skiflugschanze:
Birgsautal, 87561 Oberstdorf

💰 Geld für Eintritt nicht vergessen

✐ Natur pur

64. Den Amazonas des Bodensees erkunden

© Christof Wobst

Hier, im **Naturschutzgebiet Rheindelta,** erwartet dich auf einer Fläche von 2.000 Hektar nicht nur eine außerordentliche Tierwelt. Auch zahlreiche Pflanzenarten haben hier ihren Lebensraum. Das Gebiet befindet sich in Vorarlberg (Österreich) und zählt zum größten Feuchtgebiet am Bodensee und artenreichsten Naturschutzgebiet in Vorarlberg.

Obwohl die Landfläche nur etwa ein Drittel des gesamten Gebiets einnimmt, kannst du hier in artenreichen Auwäldern, auf sagenhaften Streuwiesen und an unvergleichlichen Ufern mit Großseggengesellschaften, Röhrichten und Strandlingsrasen die Seele baumeln lassen und einfach mal die Ruhe genießen.

Wusstest du schon?

Durch das flach abfallende Ufer erreicht der Bodensee am Rohrspitz besonders schnell angenehme Badetemperaturen.

Zwei Drittel der Gesamtfläche sind mit Wasser bedeckt. Die Seen-, Schilf- und Wiesenlandschaften im Vordergrund und die Berge im Hintergrund verbinden sich zu einem beachtlichen Panorama.

Entstanden sind die sich immer wieder verändernden naturnahen Lebensräume durch Bewirtschaftung sowie durch Überschwemmungen, Sediment- und Sandablagerungen und ähnliche Naturereignisse. Eine Landschaft, die ihresgleichen sucht.

🏛 Hauptstraße 15, 6973 Höchst (Österreich)

🖉 Natur pur

65. Heute bist du Skywalker

Im Naturerlebnispark im Allgäu geht der Wunsch, einmal ein Skywalker zu sein, in Erfüllung. Auf der 40 Meter hohen Aussichtsplattform des **skywalk allgäu** hast du einen atemberaubenden Panoramablick über das Allgäu, den Bodensee und die Alpen.

Der Baumwipfelpfad ist eine 540 Meter lange Hängebrückenkonstruktion, die von Stahlmasten gestützt wird. Ein Aufzug bringt dich ganz bequem nach oben oder du gehst den Weg über die Treppen und Podeste. Oben angekommen bekommst du die Gelegenheit, das schöne Allgäupanorama aus der Vogelperspektive zu betrachten.

Freue dich auf die reine Waldluft, lausche dem Vogelgesang und mit etwas Glück siehst du ein Eichhörnchen von Baum zu Baum springen.

Der gesamte Pfad ist mit Infotafeln über die Naturgeschehnisse bestückt. Abenteuerlich wird es beim Abstieg, wo die ganz Mutigen über Wackelbrücken und durch eine Röhrenrutsche wieder auf festen Boden gelangen.

Der Naturerlebnispark bietet darüber hinaus einen spannenden und interessanten Walderlebnis- und Barfußpark für Entdecker an. Außerdem bieten Abenteuerspielplätze sowie Geschicklichkeitsparcours für Groß und Klein die Gelegenheit, einmal ein Skywalker zu sein.

📖 Oberschwenden 25, 88175 Scheidegg

💰 Geld für Eintritt nicht vergessen

🌿 Natur pur

Noch eine Idee

Auf den grünen Liegewiesen kannst du es dir mit deiner Familie bei einem Picknick gemütlich machen.

© Pixabay, caesar_1

87

66. Eine halbe Insel genießen

Einmal den Akku wieder aufladen und die Seele baumeln lassen. In **Wasserburg** bei Lindau trifft die Romantik des Bodensees auf Idylle pur. Hier kannst du an den Ufern des Bodensees entlang spazieren, die Füße ins Wasser strecken und dir die Sonne ins Gesicht scheinen lassen. Von Wasserburg aus hast du einen einzigartigen Blick auf die Berge der Schweiz, Liechtenstein und Österreich.

Auf der malerischen Halbinsel befinden sich die Kirche St. Georg, das Schlosshotel Wasserburg, bei dem das Gemäuer der ehemaligen Wasserburg in die Hotelfassade integriert wurde, sowie das Malhaus, das du heute als Museum besuchen kannst. Du hast hier die Möglichkeit, gemütlich in einem Café oder Restaurant direkt am See mit Blick aufs Wasser einen herrlichen Tag zu genießen.

Durch seine direkte Seelage ist Wasserburg auch Anlaufpunkt des Bodensee-Radwegs und des Bodensee-Rundwegs.

📖 88142 Wasserburg

🗄 Geld für Eintritt ins Museum nicht vergessen

🌿 Natur pur

Mein Tipp

Ein zehnminütiger Spaziergang führt dich zur verträumten Eschbachbucht. Herrlich für Entspannungssuchende und Aktive gleichermaßen. Ein Freibad mit SUP-Board-Verleih sowie ein Kinderspielplatz treffen auf ruhige Plätzchen auf Kiesbänken unter altem Baumbestand.

© Lena Bosch

© David Knipping

67. Durchforste das nördliche Ufer des Bodensees

Das am nördlichen Ufer des Bodensees gelegene **Naturschutzgebiet Eriskircher Ried,** welches rund 552 Hektar misst, ist eines der größten und wertvollsten seiner Art. Hier kannst du miterleben, wie sich Natur und Tierwelt harmonisch in die vom Bodensee geprägte Ökologie eingliedern. Nahezu unberührt zieht sich das Gebiet vom Stadtrand Friedrichshafens bis nach Langenargen.

© Gerhard Kersting

Was ich dir noch empfehlen kann

Besuche den nahegelegenen Lindenbuckel in Tettnang und genieße den Ausblick.

Durch seine Lage kannst du hier nicht nur Stillgewässer, Auenwälder, Streuwiesen sowie Flachwasserzonen erkunden, die unverwechselbare Vielfalt macht es auch zu einem wertvollen Biotop.

Über 650 Pflanzenarten sind im Eriskircher Ried beheimatet, von Amaryllis bis zu Zeitlosengewächsen kannst du hier reichlich entdecken und dein Wissen rund um das Thema Flora auf die Probe stellen. Ebenso ist es das Habitat zahlreicher Tiere und Amphibien wie Teichfröschen, Fischen, Insekten, Reptilien und Säugetieren. Zudem beanspruchen rund 70 Brutvogelarten das Gebiet als ihre Heimat. Halte also beim Wandern stets die Augen offen und du wirst erstaunt sein, was du alles entdecken kannst.

Das in der Gemeinde Eriskirch liegende Naturschutzzentrum befasst sich seit Jahrzehnten mit der Öffentlichkeitsarbeit, der Betreuung von Schutzgebieten sowie der Koordination von Naturschutzaktivitäten. Im ehemaligen Bahnhofsgebäude bekommst du faszinierende Einblicke in die Naturlandschaften, kannst verschiedene Ausstellungen besuchen und an regelmäßigen Führungen, Seminaren und Vorträgen unter Anleitung von fachkundigem Personal teilnehmen.

📖 Stiftung Naturschutzzentrum Eriskirch: Bahnhofstraße 24, 88097 Eriskirch

💰 Geld für Eintritt ins Naturschutzzentrum nicht vergessen

✎ Natur pur

68. Heuer als Seeräuber auf der St. Jodok an

© CMS Schifffahrt

Auf der St. Jodok, einem Nachbau einer Lädine, deren Heimathafen in Immenstaad liegt, kannst du herrlich Bodensee-Seeluft schnuppern.

Wusstest du schon?

*Frische Fische fischt...?
Genau, die Immenstaader Fischer.
Gemeint sind die Bodensee-Felchen.
Egal ob frisch oder geräuchert,
die Delikatesse vom Bodensee
musst du probiert haben!*

Die **Lädine** gilt als eines der ältesten Verkehrsmittel und wurde ursprünglich für den transalpinen Handelsverkehr genutzt. Seit ihrem Neubau bricht sie beinahe täglich auf. Während einer einstündigen Rundfahrt kannst du allerhand interessante Informationen über das gut 17 Meter lange Schiff von Bootsführern und Besatzung erfahren, während dir bei einer Tasse Kaffee die Sonne ins Gesicht scheint.

Zu den besonderen Highlights zählen außerdem die spektakulären Sonnenuntergangs- und Weißwurstfahrten.

In den Oster-, Pfingst- und Sommerferien lädt der Lädinen-Verein Bodensee e. V. regelmäßig kleine Seeräuber und deren Familien zu Piratenfahrten ein. Schwing dich an Bord und genieße die Fahrt.

📖 Am Landungssteg
   88090 Immenstaad am Bodensee

💰 Geld für Eintritt nicht vergessen

♨ Natur pur

69. Einmal übers Wasser gehen

Bereits seit 1922 erfreut man sich an den rekonstruierten **Pfahlbauten in Unteruhldingen,** wie sie bereits 3500 v. Chr. errichtet wurden. Aus Holz, Gras und Lehm erbaut lassen sie dich heute in eine längst vergangene Zeit blicken. Mit 23 Pfahlbauten und rund 300.000 Besuchern zählt das Pfahlbauten Museum zu einem der größten Freilichtmuseen Europas. Seit 2011 gehört es zum UNESCO-Welterbe. Das Pfahlbauten Museum wurde vom Tourismusverband als familienfreundliche Freizeiteinrichtung ausgezeichnet und konnte 2018 ebenfalls den Museumspreis des Landes Baden-Württemberg für sich gewinnen.

Etwa 300 Meter entfernt liegt das Archaeorama. Da die originalen Pfahlbauten als einziges Welterbe versunken sind und nicht betrachtet werden

können, öffnete 2013 das Museum seine Tore. Mit multimedialer Unterstützung erlebst du von Beginn an einen atemberaubenden Tauchgang.

Für das besondere Etwas sorgt der Steinzeitparcour. Hier hast du die Möglichkeit, spielerisch einmal selbst aktiv zu werden. Egal ob Ausgrabungen, Barfußpfad oder Holzstraße, nicht nur wissbegierige Kinder kommen auf ihre Kosten. Mitarbeiter vermitteln dir faszinierende Techniken wie das Feuermachen mit einem Feuerstein.

📖 Strandpromenade 6
88690 Uhldingen-Mühlhofen

💳 Geld für Eintritt nicht vergessen

🖉 Natur pur

Noch eine Idee

Besuche das Felsenkeller-Museum in Unteruhldingen.

© Pfahlbauten / M. Schellinger

70. Verirr dich im Schlossgarten

Die ehemalige **Reichsabtei Salem** vereint die Würde des gotischen Stils mit dem ausdrucksvollem Barockstil, was die Abtei zu einem der schönsten Kulturdenkmäler am Bodensee macht. Geprägt von der Schaffenskraft der Zisterzienser Mönche nimmt die Anlage gewaltige Ausmaße an. Hier schafft sich Kulturgeschichte aus über 700 Jahren ihren Raum, indem sie von Reichtum und Kunstverständnis zeugt.

Im Garten des Schlosses ist die Botanik so angelegt, dass sie zum Teil einem Irrgarten gleicht. Aber keine Sorge, auch du wirst dich nicht verlaufen. Symmetrische Kieselwege und Blumenparterres orientieren sich an barocken Vorbildern.

Durch das milde Klima des Bodensees hat der Weinbau hier eine Jahrhunderte alte Tradition. Zahlreiche Besucher-programme erwecken die Salemer Geschichte zum Leben. Neben spannenden Führungen durch die prachtvolle Abtei lädt dich Schloss Salem zu einer ganzen Bandbreite an Veranstaltungen ein. Von musikalischer Unterhaltung über Museumsführungen durch das Feuerwehrmuseum bis hin zu Weinverkostungen wird dir hier vieles geboten.

Heute gehört Schloss Salem außerdem zu einer der renommiertesten Privatschulen Deutschlands.

Besuche auf jeden Fall den Affenberg Salem. In diesem Tierpark rasen im wahrsten Sinne des Wortes die Affen durch den Wald.

Was ich dir noch empfehlen kann

📖 Kloster und Schloss: 88682 Salem

💰 Geld für Eintritt ins Kloster und ins Schloss nicht vergessen

🧭 Natur pur

© Staatliche Schlösser und Gärten Baden-Württemberg, Günther Bayerl

71. Über Ravensburg wachen

Ein laues Lüftchen weht dir um die Nase, dein Blick schweift über die Stadt der Türme und Tore. Du musst auf dem **Blaserturm in Ravensburg** sein. In etwa 45 Metern Höhe hast du einen herrlichen Ausblick über die Altbauten, die aus der mittelalterlichen Blütezeit stammen und gut erhalten sind. Vom Wahrzeichen Ravensburg, dem „Mehlsack", bis zur Altstadt reist du durch die verschieden Epochen der Stadtgeschichte. An guten Tagen kannst Du bis zum Bodensee oder dem Säntis schauen.

Im Inneren befinden sich Malereien aus der Renaissancezeit sowie eine Gedenktafel. Diese erinnert mit einem Gedicht an den Einsturz des Turmes und zeigt Wappen der Reichsstadt Ravensburg.

Erst vor einigen Jahren wurde der Turm restauriert. Nicht ganz so lang wie seine Historie ist der Weg nach oben – über 212 Treppen lässt sich der Turm erklimmen.

© Stadt Ravensburg

Marienplatz 28, 88212 Ravensburg

Geld für Eintritt nicht vergessen

Wusstest du schon?

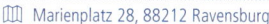

Die Altstadt von Ravensburg eignet sich hervorragend für einen gemütlichen Stadtbummel.

72. Im Schlossgarten picknicken

© Bildrechte Gemeinde Kißlegg

© Fotograf: Paddy Schmitt

Im Herzen von **Kißlegg** liegt es, das **Neue Schloss.** Inmitten des Schloss-parks steht es bereits seit 1727. Die imposante dreistöckige Fassade, mit Putzquadern und Pilastergliedern bestückt, wird nur noch durch das be-eindruckende Innere übertrumpft. Bei einer Besichtigung kannst du, nicht nur acht Sybillenfiguren von Joseph Anton Feuchtmayer bewundern, verschnörkelte Putzdecken vermitteln dir außerdem Einblicke in die Wohnkultur adeliger Herrschaften.

Das einzigartige Ambiente lädt dich zu einer Führung durch das Neue Schloss Kißlegg ein. Während du durch die prachtvollen Zimmer schlenderst, vermitteln dir fachkundige Mitarbeiter allerhand interessante Informationen und Fakten.

An heißen Tagen empfiehlt sich ein Abstecher zum nahe gelegenen Strandbad Obersee.

Mein Tipp

Im Atelier des Schlosses finden inter-essante Ausstellungen wie „Artist in Residence" statt. Hier treffen Kultur und Kunst aufeinander und laden dich zum Verweilen, Genießen und Staunen ein. Anschließend kannst du im Englischen Garten spazieren gehen, dich entspan-nen oder dir Inspirationen für deinen Garten holen.

- 📖 Schloßstraße 8, 88353 Kißlegg
- 💰 Geld für Eintritt nicht vergessen
- 🌿 Natur pur im Garten

73. Lerne die Besonderheiten des Pfrunger Rieds kennen

Vom Bannwaldturm im **Pfrunger-Burgweiler Ried** in Ostrach hast du in einer Höhe von 38,8 Metern einen spektakulären 360-Grad-Panoramablick über das Moorgebiet. Mit rund 2600 Hektar ist das **Naturschutzgebiet** das zweitgrößte zusammenhängende Moorgebiet Südwestdeutschlands.

Auf verschiedenen Lehrpfaden kannst du das Moor durchwandern und lernst dabei noch allerlei interessante Fakten, rund um das Thema Moorgebiet.
Auf dich wartet eine große biologische Vielfalt. Etwa 670 Pflanzenarten, 39 Säugetierarten und rund 210 Vogelarten sind dort beheimatet. Mit etwas Glück kannst du einen Blick auf seltene Tiere werfen oder Zeuge ihrer Machenschaften werden und beispielsweise Baumstämme entdecken, die von Bibern abgenagt wurden.

Noch eine Idee

Das Naturschutzzentrum im nahe gelegenen Wilhelmsdorf bietet dir neben seinen Dauerausstellungen immer wieder interessante Sonderausstellungen.

📖 Moor, 88356 Ostrach

🌿 Natur pur

Beide Bilder © Ferienregion Nördlicher Bodensee

74. Reise mit einem Räuber an deiner Seite

Auf Schienen durch die Region, in der einst Räuber ihr Unwesen getrieben haben. Die **Räuberbahn** entführt dich von Aulendorf in das Pfullendorf des 19. Jahrhunderts. Die unterschiedlichen sozialen Stände sorgten einst dafür, dass Gauner und Ganoven in dieser Region leichtes Spiel hatten. Dadurch entwickelte sich eine eigene Subkultur von Vaganten, Bettlern und Vertretern sogenannter unehrlicher Berufe, mit eigenen Bräuchen und sogar einer eigenen Sprache. Das Rotwelsch, die sogenannte Gaunersprache, wurde bereits im 17. Jahrhundert gesprochen und 1755 in der Rotwelschen Grammatik dokumentiert. Der Ganove „Grandscharle" nimmt dich mit auf die Reise und berichtet während der Fahrt über die teils düsteren Geheimnisse, vermittelt Grundkenntnisse des Rotwelschen und schildert die damaligen Missstände, die dazu führten, dass Gauner genau hier ihr Unwesen trieben und die ehrbaren Leute ausnahmen.

Die Räuberbahn bringt dich direkt zum Pfrunger-Burgweiler Ried. Hier kannst du abschalten, entspannen und Kraft tanken, bevor du allerlei Wissenswertes über das Moorgebiet und das „Räuberland" erfährst. Genieße die Fahrt, wenn du das Abenteuer nicht scheust.

⊜ Geld für das Ticket nicht vergessen

⊘ Natur pur im Moor

Eine Voranmeldung ist dringend nötig, bevor dein Abenteuer beginnt. Erkundige dich auf der Homepage nach den Abfahrtszeiten.

Was ich dir noch empfehlen kann

© Lena Kessler

© ZierDesign

75. Über die Wellen reiten

Ahoi du Wasserratte. Für einen spaßigen Tag im kühlen Nass müssen es nicht die Strände von Bali oder das Surfers Paradise in Australien sein. All das kannst du an den **Zielfinger Seen** zwischen der Kreisstadt Sigmaringen und der Kleinstadt Mengen haben. Am nördlichsten See kannst du z. B. nach Herzenslust bis in die späten Abendstunden Surfen.

Der 70.000 Quadratmeter große Badesee bietet dir die Möglichkeit, dich abzukühlen, zu planschen oder deine Bahnen zu ziehen. Für Entspannung sorgt der 900 Meter lange Sandstrand, an dem du in Ruhe die Sonne genießen kannst. Eincremen nicht vergessen! Auch die Angelrute darfst du einpacken, um sie am eigens davor vorgesehenen Forellensee auszuwerfen. Die Angelkarten für die Zielfinger Angelseen können vorher online bestellt werden.

Für den kleinen und großen Hunger oder einen kleinen Snack zwischendurch stehen das Restaurant „Südsee III" oder das „Haus am See" zur Verfügung. Direkt am Ufer liegt der Seecamping-platz. Ungefähr 50 Parzellen bieten

© Wohnmobilstellplatz Zielfinger Seen

Stelle sicher, dass du einen gültigen Angelschein hast, bevor du die Rute auswirfst.

Mein Tipp

genug Platz für dein Wohnmobil; wahlweiße kannst du in einem Bungalow, in einem Holiday Home, in einem Rohrhotel, in einem Schlaf-Fass oder ganz einfach in einem Zelt übernachten.

Die Zielfinger Seen kombinieren Entspannung und Action. Sie eignen sich hervorragend für einen Wochenendausflug mit der ganzen Familie.

📖 Uferweg 18, 88512 Mengen

✎ Natur pur

76. Über deiner Heimat thronen

Beide Bilder © Hohenzollernschloss Sigmaringen, Meli Straub

Direkt am Ufer der Donau thront es, das **Schloss Sigmaringen.** Meterhohe Mauern und Türme lassen dich die Erhabenheit dieses Ortes in Ehrfurcht bestaunen. Einst Residenzschloss und Verwaltungssitz der Fürsten von Hohenzollern-Sigmaringen, ist es heute nicht nur durch seine imposante Größe eines der sehenswürdigsten Schlösser dieser Region. Hier kannst du auf eine 1000-jährige Geschichte zurückblicken. Eine Führung durch prachtvolle Säle und die beeindruckende Waffenkammer oder ein kulinarischer Abstecher in die Schlossküche laden dich zum Verweilen und Staunen ein.

Bestaune die historischen Gemälde und das Mobiliar und erlebe die kulturelle Entwicklung sowie bedeutende Ereignisse des Hohenzollernschlosses Sigmaringen. Lass dich mitreißen und genieße die Vielfalt und Gastfreundschaft, die dir Schloss Sigmaringen bietet.

🏛 Karl-Anton-Platz 8, 72488 Sigmaringen

🪙 Geld für Eintritt nicht vergessen

Nicht weit entfernt liegt der Campus Galli, die Nachbildung eines frühmittelalterlichen Klosters.

Noch eine Idee

RÄUBER & MOOR

Spannende Räubergeschichten • Lieder im Zug von
Pfullendorf bis Aulendorf • Entdeckungstour mit dem
Moorforscherrucksack durch das Pfrunger-Burgweiler Ried

Mit dem
**Moorforscher-
rucksack**
und unserer
Sumpfschildkröte
Emy auf
Entdeckungstour gehen!

ww.raeuberbahn.de
ww.pfrunger-burgweiler-ried.de

Uhldingen-Mühlhofen
AM BODENSEE

Lust auf unvergessliche Seeferien?
Dann auf nach Uhldingen-
Mühlhofen am Bodensee!
www.seeferien.com

seeferien.com
hldingen-mühlhofen

urist-Information Uhldingen-Mühlhofen, Ehbachstraße 1, Tel. +49 7556 9216-0

77. Zieh wie ein Vagant durchs Land

Die **Oberschwäbische Barockstraße** zählt zu Deutschlands ältesten Themenstraßen. Im Jahr 1966 wurde sie als eine der ersten Kultur- und Ferienstraßen überhaupt ins Leben gerufen. Auf 860 Kilometern, vier Routen und 55 Erlebnisstationen begleitet dich das Thema Barock. Die Hauptroute leitet dich von Oberschwaben, ins Allgäu bis an den Bodensee. Auf der Ostroute kommst du an Memmingen, Ottobeuren, Kempten, Schmuckstücken. Idyllische Flüsse in Ochsenhausen oder Weingarten laden zu Spaziergängen ein. Klang- und Baukunst der Orgel kannst du in Oberschwaben, z. B. in Rot a. d. Rot und in Salem bestaunen. Neben der vielfältigen Landschaft machen oberschwäbische Brauchtümer und köstliche Spezialitäten die Routen zu einem tollen Erlebnis. Die Seele ist zum Beispiel ein oberschwäbisches Traditionsgebäck das in jeder Bäckerei

Holzhey Orgel © Frank Müller

Bibliothekssaal Kloster Wiblingen © Frank Müller

Museumsdorf Kürnbach © Stefan Kuhn

Leutkirch vorbei und weiter bis nach Kißlegg. Zum Bodensee führt die Südroute über Meersburg, Konstanz, Langenargen bis in die Schweiz und Österreich. Das Kloster Wald, das Hohenzollernschloss in Sigmaringen oder die Stadt Riedlingen lassen sich auf der Westroute erkunden. Im Mittelpunkt stehen auf dem Weg Bauwerke wie Klöster, Abteien und Kirchen, prunkvolle Schlösser und Adelssitze. Architekten und Baumeister übertrumpften sich gegenseitig mit prunkvollen, teuren und pompösen

Bibliothekssaal Kloster Schussenried © Frank Müller

Rot a. d. Rot © Frank Müller

Wallfahrtskirche Birnau © Frank Müller

Stiller Bach Weingarten © Frank Müller

Klosteranlage Ochsenhausen © Stefan Kuhn

Wallfahrtskirche Steinhausen © Frank Müller

erhältlich ist. Aber auch Weine und Biere lassen sich entlang der Barockstraße genießen, zum Beispiel in der Schussenrieder Erlebnisbrauerei oder im Brauerei-Gasthof zur Krone. Vom Barock geprägte Bräuche kannst du bei ausgelassener schwäbischer Fasnet, Palmprozessionen, Freilichtspielen oder Musikveranstaltungen hautnah miterleben. Fast zum Gruseln – besuche die unheimlichen römischen Katakombenheiligen in gläsernen Ruhestätten.

Sie sind an vielen verschiedenen Stationen zu betrachten. Die Barockstraße, seit 2020 sogar um 55 Kilometer verlängert, ermöglicht dir Touren auf unterschiedlichsten Routen und für alle Sinne.

Den genauen Verlauf der vier Routen und weitere Infos findest du auf der Homepage www.oberschwaben-tourismus.de

Mein Tipp

Unvergessliche Momente im Ravensburger Spieleland

© Ravensburger Spieleland

Das Ravensburger Spieleland bietet dir mit über 70 Attraktionen in acht Themenwelten Spiel, Spaß und actionreiche Abenteuer für die ganze Familie. Von der Kakerlakak-Riesen-Schaukel, der Schwäbische Eisenbahn, dem Familien-Freifallturm oder dem Alpin Rafting bis hin zu einem verrückten Labyrinth findest du die verschiedensten Attraktionen für einen abenteuerreichen Tag.

🏛 Am Hangenwald 1, 88074 Meckenbeuren

Jede Menge Abenteuer im Legoland

© Pixabay, Hermann

Das Legoland in Günzburg erfüllt vielen Kindern ihre Träume, denn hier können sie in die Rolle eines Ritters, Testfahrers oder Piloten schlüpfen. Und auch du wirst hier unglaublich viel Spaß haben, wofür die vielen verschiedenen Fahrgeschäfte sorgen. In diesem außergewöhnlichen Freizeitpark kannst du mit der gesamten Familie so richtig aufblühen und herumtoben. Lass dich einmal komplett in deine Kindheit entführen.

🏛 Legoland-Allee 3, 89312 Günzburg

Aufregende Attraktionen im Schwaben Park

Hier, im Schwaben Park in Kaisersbach zwischen Backnang und Schwäbisch Gmünd kommst du definitiv auf deine Kosten. Etwa 60 Attraktionen, rasante Fahrgeschäfte und verschiedene Shows sorgen bei Jung und Alt für Spaß und Nervenkitzel. Also steig' ein, schnall' dich an und genieße den Tag mit der ganzen Familie in vollen Zügen.

© Schwaben Park

📖 Hofwiesen 11, 73667 Kaisersbach

Unvergleichliche Eindrücke im Europa-Park

Der Europa-Park in Rust ist der meistbesuchte Themen- und Freizeitpark in ganz Deutschland und wurde bereits sechsmal in Folge als bester Freizeitpark der Welt ausgezeichnet. Klingt vielversprechend? Ist es auch. Das riesige Areal wirkt eigentlich wie eine Stadt, in der in 18 Themenbereichen über 100 Attraktionen und Shows geboten werden.

Solltest du ein absoluter Achterbahn-Junkie sein, dann bist du hier auf jeden Fall am richtigen Fleck. Erlebe einen Tag voller Spaß, guter Laune und Adrenalin. Du wirst deinen Besuch in diesem Park nicht bereuen.

📖 Europa-Park-Straße 2, 77977 Rust

© Europa-Park

Die Wunderwelt des Skyline Parks

© Allgäu Skyline Park

Der Skyline Park zählt zu den größten und attraktivsten Freizeitparks in Bayern. Besucher, egal welchen Alters, finden hier jede Menge Spannung, Spaß und Glückseligkeit. Ob Adrenalin-Junkie oder ruhiger Genießer – hier findest du immer das passende Angebot. Mit über 60 Attraktionen wirst du in eine Wunderwelt entführt und dein Aufenthalt wird zu einem unvergesslichen Erlebnis.

🏛 Skyline-Park-Straße 1, 86871 Rammingen

Jede Menge Spaß inmitten schwäbischer Idylle in Tripsdrill

Sowohl gemütliche Attraktionen als auch rasante Achterbahnen findest du in Deutschlands erstem Freizeitpark Tripsdrill. Und damit nicht genug. Du kannst auch gemütlich durch den Wildpark spazieren und rund 50 Tiere in freier Wildbahn beobachten, dich von einem Wildhüter beim Rundgang begleiten lassen, oder in der Falknerei bei der Flugvorführung zuschauen. Genieße einen unvergesslichen Tag in diesem tollen Erlebnispark.

© Erlebnispark Tripsdrill

🏛 Erlebnispark Tripsdrill Straße 1, 74389 Cleebronn

Traumhafte Abenteuer für die ganze Familie im Traumland

Das Traumland auf der Bärenhöhle bietet vor allem den jüngeren Besuchern jede Menge Spaß. Neben verschiedenen Achterbahnen kannst du hier die Faszination der Märchen mit einem gemütlichen Spaziergang durch den Märchenwald hautnah miterleben. Genieße hier mit der gesamten Familie einen wunderschönen, entspannten Tag.

© Freizeitpark Traumland GmbH

📖 Auf der Bärenhöhle, 72820 Sonnenbühl

Hier ist Platz für deine Notizen

Abbildungsnachweis

Eins+Alles Erfahrungsfeld der Sinne: © Lena Bosch, S. 30; Kloster Lorch: © Pixabay, maxmann, S. 29; Brenzursprung: © Jochen Rösner, S. 24; Naturatum Erlebnispfad: © J. Scharf, W. Noack, S. 27; Heilstollen/Tiefer Stollen: © Stadt Aalen, Besucherbergwerk Tiefer Stollen, S. 19; Felsenmeer Wental: © Pixabay, maxmann, S. 25; Burg Katzenstein: © Pixabay, Siegella, S. 20; Quellentour im Ostalbkreis: © Franz Schweiger, S. 21; Pfauengarten: © Gaststätte Pfauengarten, S. 16; explorhino: © explorhino gGmbH, S. 22; Große Scheuer: © Schwäbische Alb Tourismus, Fotograf: Ralph Lueger, Titel: Große Scheuer am Rosenstein, S. 23; Hammerschmiede Gronachtal: © Gemeindeverwaltung Satteldorf, S. 14; Schloss Baldern Bopfingen: © Oettingen-Wallerstein, S. 18; Freilichtspiele Schwäbisch Hall, Hans Kumpf, S. 32; Tannenburg: © Ellen Zipperer, S. 15; Schlossweiher: © Stadt Ellwangen/Roland Hülle, S. 17; Limes Wanderweg: © Kastell Buch @Verein Deutsche Limes-Straße, S. 28; Eisenbahnmuseum: © Pixabay, hpgruesen, S. 26; Märchenwald: © Gemeindeverwaltung Gschwend, S. 31;

Eselsburger Tal: Bild oben: © Thomas Diem, Bild unten: © Ralf Walter, S. 37; Wimsener Höhle Hayingen: © Schumann, S. 52; Ulmer Münster: © Pixabay, Hans, S. 42; Blautopf Blaubeuren: © Stadt Blaubeuren, S. 41; Leipheimer Moos/Straußenfarm: © Straußenfarm Donaumoos, S. 40; Keltenstadt/Museum: © Günter Bayerl, S. 51; Bienenmuseum: © Landkreis Neu-Ulm, S. 45; Höhlenerlebniswelt: © Guido Serino, S. 38; Wasserski Gufi-See: © Wasserski- und Wakeboard-Seilbahn Gufi-See, S. 39; 817 Adventure Golf: © ADVENTURE GOLF, S. 54; Öchslebahn Ochsenhausen: © Öchsle Bahn Betriebs GmbH, S. 46; Burg Helfenstein: © Burgarchiv, Darius Lenz, S. 36; Erbacher Jakobsweg: © Erbach (Donau), S. 43; Rechtenstein Höhle: © Gemeinde Rechtenstein, S. 53; Wackelwald Bad Buchau: © TMBW Stefan Kuhn, S. 50; Salzgrotte Memmingen: © Salzgrotte am Lindentor, S. 48; Roggenburger Weiher/Kloster: © Bild links: Kloster Roggenburg, Bild rechts: Patrick Smrekar, S. 44; Barfußpfad Bad Wörishofen: © Dr. Lorenz Kerscher, S. 49; Buxheimer Weiher: © Lena Bosch, S. 47;

Wutachschlucht: © Hochschwarzwald Tourismus GmbH, S. 72; Schluchsee: © Hochschwarzwald Tourismus GmbH, S. 71; Uhrenmuseum: © Deutsches Uhrenmuseum Furtwangen, S. 74; Triberger Wasserfälle: © Stadt Triberg, S. 76; Sauschwänzlebahn: © Bahnbetriebe Blumberg, S. 70; Ravennaschlucht: © Hochschwarzwald Tourismus GmbH, S. 73; Gauchachschlucht Hüfingen: © Stadt Hüfingen, S. 68; SchieferErlebnis Dormettingen: © SchieferErlebnis Dormettingen, S. 60; Donauversickerung: © Stadt Tuttlingen, S. 66; Höwenegg Vulkankrater: © Gemeinde Immendingen, S. 67; Schwenninger Moos: © Umweltzentrum Schwarzwald Baar Neckar, S. 64; Sommerbobbahn Erfingen: © Lena Bosch, S. 59; Burg Hohenzollern: © Roland Beck, S. 58; Naturpark Obere Donau: © Naturpark Obere Donau e.V., S. 65; Donauquelle Furtwangen: © Ferienland im Schwarzwald GmbH, © Donauquelle Stadtverwaltung Furtwangen, S. 75; thyssenkrupp Testturm: © thyssenkrupp Elevator, S. 62; Lochmühle Eigeltingen: © Erlebnisgastronomie Lochmühle GmbH, S. 69; Barfußpfad Tieringen: © Stadtverwaltung Meßstetten, S. 61; Erlebnistreff Burg Oberhohenberg: © Stadtverwaltung Schömberg, S. 63;

Schloss Salem: © Staatliche Schlösser und Gärten Baden-Württemberg, © Günther Bayerl, S. 92; Pfahlbauten Unterhldingen: © Pfahlbauten/M. Schellinger, S. 91; Wasserburg: Bild links: © Lena Bosch, Bild rechts: © David Knipping, S. 88; Schloss Sigmaringen/Campus Galli: © Hohenzollernschloss Sigmaringen – Meli Straub, S. 98; Skywalk Scheidegg: © Pixabay, caesar_1, S. 87; Naturschutzgebiet Rheindelta: © Christof Wobst, S. 86; Schwarzer Grat: © Isny Marketing GmbH, Foto Ernst Fesseler, S. 81; Zipline Nesselwang: © Nesselwang Marketing GmbH, S. 83; Eriskircher Ried: © Gerhard Kersting, S. 89; Lädine Immenstaad: © CMS Schifffahrt, S. 90; Naturschutzgebiet Pfrunger: © Ferienregion Nördlicher Bodensee, S. 95; Neues Schloss Kißlegg: Bild links: © Bildrechte Gemeinde Kißlegg, Bild rechts: © Fotograf: Paddy Schmitt, S. 94; Eistobel Isny: © Pixabay, Tommy_Rau, S. 82; Blaserturm: © Stadt Ravensburg, S. 93; Zielfinger Seen: © Wohnmobilstellplatz Zielfinger Seen, S. 97; Highline 179: © Pixabay, jannahhannah21, S. 84; Räuber und Moos: Bild links: © Lena Kessler, Bild rechts: © ZierDesign, S. 96; Skisprungschanze Oberstdorf: © Pixabay, USA-Reiseblogger, S. 85; Hängebrücke Bad Grönenbach: Bild rechts: © Myriam Schell, Bild links: © Tobias Kloeck, S. 80;

Holzhey Orgel (S. 100), Bibliothekssaal Kloster Wiblingen (S. 100), Bibliothekssaal Kloster Schussenried (S. 100), Rot a. d. Rot (S. 101), Wallfahrtskirche Birnau (S. 101), Wallfahrtskirche Steinhausen (S. 101), Stiller Bach Weingarten (S. 101): © Oberschwaben Tourismus GmbH, Frank Müller; Museumsdorf Kürnbach (S. 100), Klosteranlage Ochsenhausen (S. 101): © Oberschwaben Tourismus GmbH, Stefan Kuhn;

Ravensburger Spieleland: © Ravensburger Spieleland, S. 102; Legoland: © Pixabay, Hermann, S. 102; Schwaben Park: © Schwaben Park, S. 103; Europa-Park: © Europa-Park, S. 103; Skyline Park: © Allgäu Skyline Park, S. 104; Erlebnispark Tripsdrill: © Erlebnispark Tripsdrill, S. 104; Bärenhöhle: © Freizeitpark Traumland GmbH, S. 105;

Titel- und Rückseite: Illustrationen: © iStock.com/vitalaka; Realbilder: Kamera, Strohmatte, Wanderstöcke, Wanderschuhe, Isolierflasche, Isomatte: © iStock.com/Lilkin; Brille: © iStock.com/Lev Karavanov; Kopfhörer: © iStock.com/bombuscreative; Smartphone: © iStock.com/OnstOn; Wasserball: © iStock.com/malerapaso, Flipflops: © iStock.com/Serhii Tsyhanok; Notizbuch: © iStock.com/daboost; Strohhut und Eis: © iStock.com/firina; Rapsblüten: © iStock.com/Bozena_Fulawka; Apfel: © iStock.com/threeart; Fernglas: © iStock.com/gilotyna; Buch: © iStock.com/goir; Sonnencreme: © iStock.com/Grassetto; Badehose und Handtuch: © iStock.com/naruedom; Grashalme: © iStock.com/redmal; Bleistift: © iStock.com/wakila;

Innenseiten: Illustrationen: © Angelika Hanschur: S. 7 oben, 37, 39, 41, 43, 45, 47, 49, 51, 53; © iStock.com/lushik: S. 59, 61, 63, 65, 67, 69, 71, 73, 75; © iStock.com/vitalaka: S. 4 Brille, 5 Kompass, 6, 7 oben, 9 oben, 10, 11, 12, 13, 15, 17, 19, 21, 23, 25, 27, 29, 31, 34, 35, 56, 57, 78, 79, 81, 83, 85, 87, 89, 91, 93, 95, 97; © iStock.com/appleuzr, S. 8 unten, 102–105; Karten: © Udo Hudelmaier: 10–13, 34/35, 56/57, 78/79;

Impressum

Trotz sorgfältiger inhaltlicher Kontrolle übernehmen wir keine Haftung mit unseren Beauftragten für Sach-, Personen- und Vermögensschäden sowie für die Vollständigkeit, Richtigkeit und Aktualität.

Herausgeber
Radio 7 Hörfunk GmbH + Co. KG
Gaisenbergstraße 29, D-89073 Ulm
Projektleitung: Niklas Schütte
Telefon: 0731-1477 121

Anzeigen
Radio 7 Hörfunk GmbH + Co. KG

Hauptautoren
Philipp Hennig, Frank Januschke,
Sophia Holoch, Larissa Patzer

Redaktionelle Unterstützung
Lena Bosch, Anna Kiehl,
Katharina Pliske, Danica Rupp,
Niklas Schütte, Carina Steinhauser,
Christof Wobst

Layout
Hanschur Gestaltung
Platzgasse 18, D-89233 Neu-Ulm
info@hanschur-gestaltung.de

Druck
WIRmachenDRUCK GmbH
Mühlbachstraße 7, D-71522 Backnang

Korrektorat
TTS-Technical Translation Services GmbH
Eimsbütteler Straße 26, D-22769 Hamburg

Das Werk sowie alle dort verfassten Texte und Bilder sind urheberrechtlich geschützt. Ohne die Genehmigung durch Radio 7 (Herausgeber) dürfen dieses Buch oder Teile daraus nicht von Dritten verwendet werden.

Juni 2020 | ISBN 978-3-00-066109-9